玩转媒介

——青少年媒介素养教育

王浩宇　刘　勇◎著

吉林文史出版社

图书在版编目（CIP）数据

玩转媒介：青少年媒介素养教育／王浩宇，刘勇著．
—长春：吉林文史出版社，2018.12
ISBN 978 - 7 - 5472 - 5658 - 9

Ⅰ.①玩… Ⅱ.①王… ②刘… Ⅲ.①计算机网络 -
传播媒介 - 素质教育 - 青少年读物 Ⅳ.①G206.2 - 49

中国版本图书馆 CIP 数据核字（2018）第 258194 号

玩转媒介：青少年媒介素养教育
WANZHUAN MEIJIE：QINGSHAONIAN MEIJIE SUYANG JIAOYU

著　　者／王浩宇　刘　勇
策划编辑／谢秋慧
责任编辑／王明智
封面设计／人文在线
出版发行／吉林文史出版社
地　　址／长春市人民大街 4646 号　　　邮　　编／130021
网　　址／www.jlws.com.cn
电　　话／0431—86037501
印　　刷／北京市金星印务有限公司
开　　本／710mm×1000mm　　　16 开
字　　数／163 千字
印　　张／11.75
版　　次／2019 年 3 月第 1 版　　　2019 年 3 月第 1 次印刷
书　　号／ISBN 978 - 7 - 5472 - 5658 - 9
定　　价／42.00 元

前　言

目前专门针对青少年学生媒介素养培养和提升的实用性书籍并不多见。本书将梳理媒介与社会的发展，以及青少年个人发展的需求，聚焦青少年媒介素的提升，探寻科学有效地提升青少年媒介素养的方法。

本书以青少年日常生活中能够接触到的各类媒介为基础，以能够提升青少年对各类媒介的认识和使用为目标，通过对各类媒介的发展历史、特征及功能等方面进行讲解，让青少年在对各类媒介的基本概念、术语等知识了解的基础上，提升青少年参与媒介的能力，锻炼他们对媒介信息内容的辨别能力，从认识、能力、参与等方面使青少年的媒介素养得到提升。

本书以通俗易懂的语言和方式进行撰写整理。每章节的内容都尽力贴近实际生活，同时也为青少年参与媒介提供锻炼实践的基础。本书根据青少年的身心发展特点，紧密围绕青少年的实际情况，对知识内容进行讲述。

本书具体撰写工作分工如下：王浩宇负责书籍的整体统稿和书籍的结构，并负责撰写前言、第一章、第二章、第三章、第五章、第六章、第七章、第九章、第十三章、第十四章、第十五章、附录和后记的内容，刘勇负责第四章、第八章、第十章、第十一章、第十二章的内容。

由于能力所限，本书在编写过程中难免存在纰漏或错误，希望大家提出批评和指正。

作　者

2018 年 7 月

目　录

第一章　走进媒介世界

第一节　媒介与媒介素养

一、媒介

媒介（media）是连接传输与接受双方的中介物，是传播媒体的总称，包括电视、电影、报纸、广播、杂志等传统大众传媒，也包括互联网、手机通信等新的传播媒体。① 马歇尔·麦克卢汉提出的"媒介即是信息"，指的是由媒介形式的任何进展引起的人类的规模、步伐或类型上的变化，就是媒介形式除了传递媒介内容之外给人类社会带来的"信息"，社会受到更加深刻影响的是人们借以交流的媒介的性质，而不是交流的内容。②

二、素养

中国社会科学院语言研究所词典编辑室编写的《现代汉语词典》中，

① 埃里克·麦克卢汉，弗兰克·秦格龙. 麦克卢汉精粹［M］. 何道宽，译. 南京：南京大学出版社，2000.

② 马歇尔·麦克卢汉. 理解媒介——论人的延伸［M］. 何道宽，译. 北京：商务印书馆，2000.

"素养"一词的意思是"平日的修养"。① 普洛克特编写的《剑桥国际英语词典》中，"Literacy"的意思是"有阅读和写作能力的，有文化的"。② 梅里亚姆·韦伯斯特公司编写的《韦氏高阶英语词典》中，"Literacy"被解释为"读写能力的质量和状态"。③ 也就是说，"素养"一词可以被理解为"具有读和写的能力"。

三、媒介素养

"媒介素养"一词来源于对英文 Media Literacy 的翻译，而媒介素养教育或媒介教育的英译是"Media Literacy Education"或"Media Education"。事实上，由于翻译的不同，带来了与媒介素养、媒介素养教育相关的诸多概念，如媒体素养、传媒素养、媒体素养教育、传媒教育等。这主要缘于对 Media 的三种中文译意的理解：媒介、媒体与传媒。

1992 年美国媒介素养研究中心把媒介素养定义为人们面对各种信息时的选择能力（Ability to Choose）、理解能力（Ability to Understand）、质疑能力（Ability to Question）、评估能力（Ability to Evaluate）、创造和生产能力（Ability to Create and Produce）以及思辨的反应能力（Ability to Respond Thoughtfully）。

加拿大安大略教育部（Ontario Ministry of Education）把媒介素养定义为旨在培养学生对媒介本质、媒介常用的技巧和手段以及这些技巧和手段所产生的效应的认知力和判断力。更确切地说，媒介教育是一种教育，宗旨是为加强学生理解和欣赏媒体作品的能力，使学生了解媒介如何传输信息、媒介自身如何运作、媒介如何构架现实以及要求学生具有创作媒介作品的能力。

英国电影学院媒体教育学家卡里·巴扎尔格特（Cary Bazalgette, British Media Educationalist）认为，媒介教育关注着媒介的特性、媒介的

---

① 中国社会科学院语言研究所词典编辑室. 现代汉语词典［Z］. 北京：商务印书馆，2016.
② 普洛克特. 剑桥国际英语词典［Z］. 上海：上海外语教育出版社，2004.
③ 梅里亚姆·韦伯斯特公司. 韦氏高阶英语词典［Z］. 北京：中国大百科全书出版社，2010.

运作以及媒介如何传输信息、如何起到让大众娱乐的功效。媒介素养旨在帮助人们学会和掌握有效使用媒介表达自己思想的能力。

詹姆斯·波特认为，"媒介素养指的是一种视角，我们积极地运用它来接触媒介，解释我们所遇到的消息的意义"。①

媒介素养是指人们是主动的媒介使用者，具有媒介素养的人既是内容的接受者也是内容的创造者，能够理解社会政治内容，有效利用编码再现系统，有责任地生活在社会中。简单地说，媒介素养就是人们对各种形式的媒介信息的解读能力。②

四、移动互联网时代的媒介特点

（一）便捷性

移动互联网设备的快速普及，使媒介信息传播更为方便。智能便携设备的出现，使人类从单一的室内解放出来，可以快速地漫游世界，遨游"地球村"。移动互联网使得通信方式更加便捷。同时由于移动智能设备的便携性及使用时间远高于电脑，使得人与人的沟通、资讯的获取真正实现了随时随地。③

（二）时效性

互联网的高速化发展，使得媒介传播速度更加快速，同时智能设备的日新月异，也使沟通成本降低，媒介传播周期已经以分秒计算。媒介传播的即时性大大提高了信息的时效性，一条信息可以快速地通过短信、微信等多种媒介通道传递给广大受众终端，使得信息传递及时迅速。受众可以不受时间、空间的限制，根据自己的需要随时随地接收、利用信息。④

---

① 詹姆斯·波特. 媒介素养 ［M］. 李德刚，译. 北京：清华大学出版社，2012.
② 王浩宇. 试论思想品德教育与媒介素养教育的融合 ［J］. 中学政治教学参考，2014（1）：76－79.
③ 杜春娥，孙会. 移动互联网时代的媒介特点与受众分析 ［J］. 计算机与网络，2012，38（13）：53－56.
④ 汤景泰，张炼. 浅析移动互联网时代的广告受众特征 ［J］. 媒体时代，2017（7）：32－34.

（三）个性化

互联网可以精准定位受众的特性，移动智能设备犹如身份识别系统，网络运营商可以根据个体的消费习惯和媒介接触信息需求建立强大的数据库，包括用户的年龄、性别、地域分布、爱好、收入、职业、教育程度以及互联网用户的媒体接触习惯等，使受众更加精确化，企业更是可以利用这一优势向受众提供更加个性化的、一对一的服务。[①]

（四）交互性

互联网秉持着开放的互动式传播方式。传统媒介无法使受众双向即时沟通，使得媒介信息的反馈延时。而互联网时代的传播，不仅可以单向，也可以双向，甚至多向传播互动，具有广泛迅速的交互性。信息的接收者可以采用不同的方式回复信息源，或者将信息在自己的传播渠道中进行逐级的传播，及时对信息进行反馈和再创造，因而使信息的传播更加具有交互性。[②]

第二节　怎样提升你的媒介素养

一、媒介素养教育

中国社会科学院新闻与传播研究所媒介传播与青少年发展研究中心主任卜卫认为，"媒介素养教育"包括四个方面的内容：一是了解基础的媒介知识以及如何使用媒介，二是学习判断媒介讯息的意义和价值，三是学习创造和传播信息的知识与技巧，四是了解如何有效利用大众传媒发展自己。媒介素养教育的理想状况是，受众的媒介使用将成为发展他

[①] 张雯雯. 浅析全媒体时代广告受众的特点 [J]. 今传媒，2014（3）：86－87.
[②] 冯晓. 移动互联时代广告业媒体环境及受众触媒分析 [J]. 新闻研究导刊，2016，7（16）：314－314.

们的一种动力，而不会因媒介使用沦为大众媒介和讯息的奴隶。① 换言之，"媒介素养教育"就是培养人们具有正确理解媒介信息，以及使用和制作媒介的知识与能力的教育。

英国是媒介素养教育的发祥地，1933 年 E·R. 利维斯和丹尼斯·桑普森发表了文化批评著作《文化和环境：培养批判意识》，文中首次提出了"媒介素养"这一概念。同时，英国也是最早将媒介素养教育纳入学校课程体系的国家。1989 年，英国教科部将媒介素养教育纳入正规的教育体系中。到 1997 年，英国有将近 2/3 的学校开设了媒介素养课程。②

美国的媒介素养教育起步较晚，发展速度也相对缓慢。到 20 世纪 70 年代才得到美国社会的认可，但依然不是美国国家教育体系中的独立课程。到 1994 年 4 月，美国的媒介素养教育依然主要依附在中小学艺术学科的教学内容中。而时至今日，媒介素养教育已经在美国大部分地区成为独立的课程，走进了学生的课堂。

中国香港媒介素养教育开始于 20 世纪 90 年代，媒介素养教育在香港地区被称为"传媒教育"。1997 年以后，香港地区实施教育改革，媒介素养教育开始加速发展，民间非盈利的教育协会或基金会成为发展媒介素养教育的核心力量，同时香港地区媒介素养教育也逐步形成了自己独特的发展风格。

中国台湾媒介素养教育发展迅速，2002 年 10 月 24 日，台湾地区出台了亚洲第一本《媒介素养教育政策白皮书》，提出将媒介素养教育融入到中小学课程体系中，并把媒介素养教育视为终身教育和全民教育。

中国内地媒介素养教育起步较晚，发展缓慢。1997 年 6 月，中国社会科学院新闻与传播研究所成立的"媒介传播与青少年发展研究中心"成为我国内地媒介素养教育迈出的第一步。2004 年，上海交通大学开设了传媒素养教育课程，成为全国第一个实行媒介素养课堂教育的高校。

---

① 卜卫. 论媒介教育的意义、内容和方法 [J]. 现代传播, 1997 (1)：32.
② 孙卫国, 祝智庭. 媒体素养教育：现代教育新理念——国内外媒体素养教育概览 [J]. 电化教育研究, 2006 (2)：18－23.

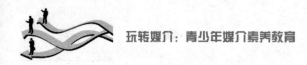

2005 年，深圳市在中小学开展了"媒介素养与素质教育"。但迄今为止，尚没有开设针对青少年的媒介素养课程，同时针对青少年的媒介素养教材也寥寥无几。

二、媒介素养提升的目标

（一）认识目标——建立全面的媒介认知观

认识目标是指系统科学地对媒介进行认知的目标，通过对媒介基础知识和技能知识的学习，能够了解媒介的发展历史和基本形态，掌握各类媒介的具体操作技能，熟悉媒介的性质、功能和传播特点，建构客观世界原貌的知识，从而建立系统、全面的网络媒介认知观。

（二）能力目标——提高对媒介内容的使用能力

能力目标是指培养强化使用媒介，对媒介内容进行使用的能力。通过对媒介使用和接触行为等方面的教育使自身具备认识、使用、辨别、参与媒介及创新的能力，了解媒介内容对自身发展的意义，以促进自身发展。

（三）价值观目标——引导正确价值观的形成

价值观目标是指以科学正确地评判媒介内容为目标，要求通过接受媒介素养教育，学会筛选媒介信息，认识到媒介产生的影响并能够做出准确分析，学会客观地看待媒介传递的现象，能感受到媒介内容潜在的意识形态、价值观念，避免做出盲从、盲信的不当举动，在此基础上坚定自己的信念，提高对媒介不良信息的抵抗力，端正自身的媒介价值观。

三、提升媒介素养的自我策略

（一）充实自身知识，提升甄别媒介内容的能力

青少年应该多读、精读经典名篇著作，将中华优秀传统文化、民族精神、正确人生观和价值观融入到提升媒介素养的过程中。自觉抵制粗制滥造的媒介低俗信息，更多地学习和培养自己实事求是的精神。只有

具备强大的内在理性和人文素养，才能合理把握对待媒介的尺度。在日常的媒介接触过程中，要有谦虚谨慎地学习媒介新知识的态度，保持清醒，注意积累，敢于质疑，不盲目相信、跟从合污，把握好在媒介上的"度"。此外，要从自身行为做起，主动地为媒介环境的文明、舆论生态的净化尽自己最大的力量。①

（二）形成自律意识，保持清醒的批判意识

要养成适当的媒介内容需求观，在海量媒介信息中，找寻自己所需要的、可以接受理解的媒介信息。在媒介的接触过程中，必须不断强化自身的道德意识和责任意识，以事实为准绳，多用批判态度来审度媒介既有内容，不盲信媒介既有信息，形成独立思考的习惯，培养对信息的决断能力，自觉抵制"虚假"，弘扬"真实"。面对没有通过权威证实或求证的媒介信息，要保持自己的独立思考，对不良信息要抵制，做到自主和自律。

温故知新

1. 简述媒介的概念。
2. 简述媒介素养的概念。
3. 移动互联网时代的媒介特点是什么？
4. 媒介素养提升的目标是什么？
5. 媒介素养提升的自我策略是什么？

---

① 李娟，刘勇．加强当代大学生媒介素养教育的路径选择［J］．安徽职业技术学院学报，2015（4）：71-73.

第二章　媒介与我们

第一节　媒介素养与政治

一、公民媒介素养对民主政治构建的意义

（一）政治民主化进程中受众媒介素养的功能体现

（1）激发公民参与政治。政治参与对于民主政治建设的积极作用主要表现在可以形成政治文化的氛围，并在此氛围的熏陶影响下形成公民的政治主体意识，增强公民的政治责任感，使公民都能成为具有政治自主性和自控性的个体。这是民主政治的重要支撑点，也是实现政治民主化的条件和基础。同时，可以使国家最大限度地在公民参政议政的基础上集中公民的聪明才智，减少决策的失误；也可以使政治监督因为有广泛的群众基础而真正发挥应有作用。

（2）深化和拓宽公民的民主观念。受众媒介素养的提高，有利于破除信息的垄断，形成理性的民主观念。尤其在信息社会，互联网如火如茶地发展，"地球村"的形成使得公众接受信息的渠道越来越宽广。公众能够并愿意通过各种渠道了解政治和社会公共事务，在充分了解信息的基础上形成的认识，自然比听一面之词得来的认识更加理性。另外，媒介素养的提高，意味着受众对媒介特性有了一定的了解，对媒介运行规

律以及媒介内容有了批判性的认识，通过媒体参与政治的行为也会表现得更加理智。与此同时，受众媒介素养的提高，有益于摆脱传统政治文化心理的束缚，树立现代政治民主观念。媒介素养的提高，不仅意味着受众对媒介的认识以及通过媒介参与政治能力的提高，也意味着受众整体素质随之提高，对自身和社会公共事务有更清醒的认知。①

（二）政治民主化进程中媒体媒介素养的功能体现

媒体媒介素养指的是媒介从业人员不仅要对传媒有正确的认知和理解，要具有良好的职业道德，恪守传媒业的职责，守护好传媒真实、客观、公正的传播信息的准则，而且更应该具备较高的媒体运用能力，通过媒体为公众服务，以强烈的责任感、专业的态度对待传媒事业。传媒从业人员的职业精神是传媒媒介素养的集中体现。作为媒体信息的把关人、真实世界与媒介事实之间的桥梁，传播者应该是客观的、独立的、具有职业精神的、不盲从的。要能够尽职尽力，对自己职业的要求、使命有明确的认识，对传媒的功能、作用、社会责任，以及传媒规律、传播规律、传媒运行和发展规律，都有自觉的把握，需要有很强的责任感、事业心和奉献精神，还需要有科学化管理基础的竞争、激励机制。以此更好地满足公民的知晓和表达、文化和精神的需要，社会的民主和文明、发展和进步的需要。

媒介从业人员作为整个传播过程的发起者，负责选择和过滤将要传播的信息，因此传播者的价值观和媒介素养的高低直接影响着传播信息的质量。在媒介从业人员的媒介素养缺失的情况下，受众通过媒介所感受到的被媒介从业人员所歪曲和异化的价值观。无论是正面舆论还是负面宣传，媒介本身并没有辨别功能，它们只能按照媒介操纵者的愿望，不遗余力地贡献自己强大的宣传功能，如此一来，受众便成为这种强大宣传攻势下负面信息的牺牲品。因此，媒介从业人员的媒介素养直接左右着受众媒介素养教育的成败，在媒介素养教育大众化的进程中起着先

---

① 尹婧. 公民媒介素养与中国民主政治的构建［D］. 上海：复旦大学硕士学位论文，2008.

驱的作用。①

（三）政治民主化进程中政府媒介素养的功能体现

政府既是媒介内容的受众，又是媒体内容的提供者。政治家们必须通过媒介向公众传递信息。如果没有经过媒介报道并且为受众所接受，政治纲领、政策综述等就无法获得政治意义，也无法产生有效的政治交流。作为传播信息最主要的渠道，媒介在政府与公民信息流通之间承担着非常重要的职责。媒介与政府之间的关系也因此变得错综复杂。西方新闻媒介始终把总统和政府各级官员视为信息的主要来源，政府则通过媒介向公众宣传施政意图、政策及具体行动等，影响舆论，争取支持，这决定了媒介同政府互相依赖的密切关系。

在社会主义的中国，媒介是党和人民的耳目喉舌，是在党的领导下全心全意为人民服务的媒体。但这一性质并不意味着西方媒体与政府之间的矛盾在中国完全不存在。事实上，在这个获取信息手段十分多样、渠道十分广泛的媒介时代，如何有效地通过媒介让民众接受政府政治主张、赢得人民信任，保障官方消息的权威性和可信性，仍是当前政府所要着力解决的问题。对于政府方面来说，更多的是要加强政府各职能部门及其工作人员的媒介素养，保证各项政策及实施过程、效果及时被民众得知，讨论并认同或提出意见以加以改进，公民能够在政府的引导下通过媒介信息参与政治，这也正是民主政治的真谛。②

二、受众、媒体、政府三方面媒介素养相结合，促进了中国民主政治的构建

媒介信息传播技术的高速发展使得信息获取渠道更加宽广，受众、媒体、政府三方面的媒介素养都需要提升。受众可以更加便捷地接触到媒介信息，对媒介信息的辨别筛选能力也需要增强，对政治参与的热情

---

① 宋萍. 基于政治参与的私营企业主媒介素养研究——以江苏地区的抽样调查为个案 ［D］. 南京：南京师范大学硕士学位论文，2011.

② 王景文. 现代社会意识与媒介素养教育 ［J］. 浙江传媒学院学报，2007（6）：33－34.

也在高涨。互联网时代已经使得假信息无处藏身，这就要求政府更加"阳光"，颁布相应的保障政策，促进政务信息的公开，满足公众的知情权。不要再像以往一样，遇到不良事件，就采取遮、掩、藏等策略。《中华人民共和国政府信息公开条例》在全国的施行，意味着打造公开透明的"阳光政府"已经成为法律的坚决要求，"公开是原则，不公开是例外"成为新的信息发布准则。

民主政治所要求的理想状态是，政府在任何公共事件上都能够积极引导和增强公众参与公共事务的意识，媒体提供公众参与公共事务的渠道和手段，以此共同推动民主进程。然而，在媒介信息的获得上，受众常常处于被动地位，没有更好地积极参与。

让媒体更好地为公民服务，让媒介信息更好地反映民意，也并非难事。媒体可以让民众在媒介上更多地发声，表达自己的意见，甚至是在"不担当不作为"的情况下，也能勇于传递真实。媒介机构在各类信息传播的过程中，可以利用广播、报纸等传统媒介，也可以使用网络、手机等新媒介，为公民创造互动参与的途径。

媒体要积极地帮助公众营造一个可以彰显公民意志的舆论空间，而政府更应该用积极的举措维护和鼓励舆论空间的存在。公民可以及时地了解党政方针，党和政府也可以通过媒介更好地诠释方针的制定，并为政策内容的实施收集反馈结果。

媒介将在"上传下达"的过程中起到越来越重要的作用。智能设备的发展和媒介信息的及时传播，推动了公众关注政策的积极性，也为建言献策提供了平台。当然，这一切的实现都需要公众、媒体、政府三方面具备良好的媒介素养，都能主动完成民主政治所赋予它们的责任。任何一方的媒介素养缺失，都会对民主政治要求的状态造成极其不良的影响，也会对其他两方面的媒介素养造成负面影响。因此，只有三方面相结合，共同塑造良好的媒介素养，相互影响、相互促进，才有可能营造出民主政治要求的理想状态。

第二节　媒介与文化生活

一、大众媒介对文化生活的积极影响

由于大众传播媒介的影响，无论是乡村还是城市，都流行着相同的音乐、相同的服装、相同的发型，人们无论在乡村还是城市，都可以在相同的时间里观看同样的连续剧、议论共同的明星、唱共同的主题歌。所有不同时空的受众都可以共同获得愉悦感。

世界各地的受众对共同社会热点的关注与把握，加快了文明对话平台的构建。有研究者认为大众媒介向受众传递的知识和信息，可以弥补正规学校教育的缺失，媒介信息成为受众了解外部世界最方便快捷的渠道。大众媒介提供了各种各样的娱乐形式，填补了人们精神世界的空虚。大众传媒尤其是手机媒介的普及，加速了现代文化和传统文化的融合，推动了当今社会的发展和进步，产生了积极而深远的影响。再者，大众传媒作为现代社会技术文明的产物，本身就代表着一种新的文化。[1]

大众传播媒介融入社会，填补了人们精神世界的空虚，同时拓宽了人们交往的网络。通过多媒介的娱乐和交流逐渐成为一种文明与时尚，而单一留守在电视机旁观看电视节目和单一使用电话沟通已经成为历史。大众传媒不仅本身作为一种娱乐工具改变了人们以往的休闲方式，而且现代化的媒介沟通途径也大大提高了人们沟通的时效性和频率，使人们的沟通更加方便，而各类媒介信息的内容对人们也产生了重要的影响，引导人们的生活方式逐渐向现代转变。[2] 娱乐和沟通是人们接近大众媒介的另一目的，受多种因素的影响，人们的精神文化需求常常难以满足，

---

[1]　尚妍，刘文奎. 观察大众传媒与农村文化的现代转型 [J]. 现代商业，2007 (30)：271.
[2]　尚妍，彭光芒. 大众传媒与农村社会文化变迁 [J]. 理论观察，2006 (3)：71 - 72.

因此，大众媒介在人们的娱乐和交往功能中就显得格外重要。大众媒介能够提供各种各样的娱乐和交往形式，使整个社会保持活力。

二、大众媒介对文化生活的消极影响

多元媒介文化的冲击对传统价值观产生了弱化作用。新媒介的高速发展，使得文化价值观变得多元，这种多元化对人们固有的价值观念提出了挑战。

大众媒介将现代社会的进取、发展、流动等现代观念融入到了人们的价值观中，在发散与开阔人们的思维和视野的同时，也对传统观念造成冲击。这些现代观念通过大众媒介信息的反复出现并逐渐植根于人们的头脑中。随着市场经济的发展，现代人的商品经济意识及市场竞争意识日益增加。人们的价值观之所以发生转变，正是受到了媒介信息的影响，人们通过大众媒介强化了多元价值观，逐渐走出了单一的本位价值观念，并随着媒介的激励培养多元价值观的实现。

大众媒介使人们的生活方式变得多样，但同时也产生了一定的负面影响，例如，消费方式在大众媒介的影响下有了较大改变，但是其在向现代化转型的过程中，常常会伴随一些畸形消费现象，如疯狂网购、"攀比"盛行等。

第三节　媒介依赖症

美国学者德弗勒在 1976 年提出了媒介依赖理论。该理论指出，一个人越是依赖媒介满足需求，媒介在这个人的生活中所扮演的角色就越重要，对这个人的影响力也就越大。[①] 当下社会，由于受到媒介环境的影响，很多人都患有"媒介依赖症"。媒介依赖症主要表现为人们对媒介的

---

① 邵培仁. 媒介生态学：媒介作为绿色生态的研究［M］. 北京：中国传媒大学出版社，2008.

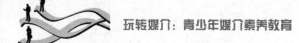

某种依赖性。"依赖性"通常是指过多地将个人情感寄托在某个人或人群、某种物品上，将其看作自己的精神支柱，一旦失去，可能难以承受，甚至精神崩溃。因此，所谓的媒介依赖症即可理解为受众对大众传媒心理上和生理上的依赖性。

一、电子媒介的媒介依赖

（一）电子媒介的媒介依赖的表现

电子媒介提高和扩大了传播速度与传播范围，电话、微信语音等诉诸人的听觉，电影、电视等同时诉诸人的听觉和视觉，没有受过任何教育的人也能够通过自己的耳朵、眼睛获得信息。电子媒介信息把人们的视觉和听觉都调动了起来，将鲜活生动的声音和画面展现在人们面前。电子媒介已经成为跨时空传播的急先锋，它不受时空的任何限制，媒介讯息的传递瞬息万变，受众遍布全球。例如，电影由于其视觉和听觉上的优势，正在征服和吸引越来越多的受众。电视媒介的种类也越来越多。施拉姆对媒介传播情形曾有这样的精彩描述："地球上每一块有人居住的地方，上空的电波中都充满了无线电讯号""信息传播来自更远的地方。地平线几乎一夜之间向远处退去。世界越过最近的山头或看得见的地平线延伸到了更远的地方，村民们关心别人是怎样生活的。力量从那些能记住很久以前事的人那里，传到了那些掌握遥远地方有关信息的人那里。"

（二）电子媒介的媒介依赖的特点

智能技术的发展使得电子媒介无孔不入、无声无息地侵入人们的生活，它以更直观、更丰富的方式将世界面貌和人的活动永远保留下来并超越时空加以传播，延伸了人的视、听觉范围，拓展了人们的交往空间，将作用于人的视觉文字、图像、影像信息，作用于听觉的声音信息进行整合，并一定程度上实现了对真实生活图景的拟真呈现。但人们在享受电子媒介带来的巨大便利的同时，很容易沉溺其中而不自知。

离开媒介，很多人无法思考甚至无法生活，有学者将这一现象称为

"媒介依赖症"。日本学者林雄二郎在 20 世纪七八十年代提出的"电视人"概念，是指伴随着电视的普及而诞生和成长的一代，他们在电视画面和音响的感官刺激环境中长大，是注重感觉的"感觉人"，表现在行为方式上是"跟着感觉走"。后来，日本传播学者中野牧也用"容器人"这一概念描述了现代人的这种行为特点。英文中有一个词"couch potato"（译作"沙发土豆"），意思是"以看电视和录像带消磨时间的懒人"。这些人蜷缩在沙发上，手里拿着遥控器，嘴里吃着薯片，一直跟着电视节目转。①

二、互联网时代的媒介依赖

（一）互联网时代的媒介依赖的表现

互联网时代的媒介将传统媒介的长处集于一身，综合运用了文字、声音和图像等多元智能技术。对于媒介受众来说，选择何种媒介形式呈现信息，完全由媒介受众根据信息的内容、自己的爱好以及接收条件自行决定。互联网的触角几乎延伸到世界每一个角落，讯息在互联网上的传播已经不再受时空的限制。世界上任何地方发生的任何事情，任何国家的任何个体的观点，只要拥有互联网网络，就可以在瞬间传遍全世界；只要这一讯息具有足够的吸引力，就可以引起全球的关注。

作为比报纸更互动，比电脑更普及，比电视更便携的优势新媒介——手机在新媒介环境下更胜一筹。不论我们身在何处，环顾四周，总会发现手机作为受众必不可少的讯息工具正发挥着作用。手机用户开通上网功能后，其手机上聊天、查询信息、游戏等网络媒体技术应有尽有。据电信行业专家 Tomi Ahonen 的研究，普通人平均每天会看手机 150 次，这相当于每个人在醒着的时间里，每 6.5 分钟就会看一次手机。

今天，人们仍习惯性地依赖多元媒介满足自己的生活需求，如很多人每天起床前通过床边的定时收音机收听天气预报和交通状况，接着一

---

① 樊葵. 媒介崇拜论 [M]. 北京：中国传媒大学出版社，2008.

边穿衣一边看早上的电视新闻或者脱口秀节目。在驾车去公司的路上，他们打开车载收音机或手机收音机进一步收听新闻和最新的交通状况，或者收听他们喜欢的书籍朗诵和音乐。在办公室，一份文件通过网络传递到办公桌前，一则新闻通过手机快速在办公室内散开。在一天当中，人们通过手机、电子邮件和同步视频会议系统等，同自己的同事和客户交换信息。下班回家的路上，为了减轻压力，他们有可能收听调频电台的音乐节目等。准备晚餐时，热播的电视剧或者手机热搜榜上的动感音乐将作为厨房的背景音。晚餐后，他们通过手机或电脑浏览最新新闻，发个微博或微信，或跟朋友聊 QQ，看视频等。这些都是互联网时代媒介依赖的正常表现。

（二）互联网时代的媒介依赖的特点

当今时代，互联网已经成为人们生活中必不可少的一部分，人们利用手机、网络等媒介选择有用的信息，并赋予较高的注意力，从而对信息本身及传递这些信息的媒介产生较高的情感。美国的一项调查研究（以"为了上网，你可以放弃哪些？"为主题）显示，许多人宁愿放弃洗澡、喝酒、吃巧克力、健身等，也不愿生活在一个没有互联网的世界里。只要能上网，73%的人愿意戒酒；43%的人可以放弃健身活动；20%的人可以没有性爱；10%的人心甘情愿放弃汽车；最令人吃惊的是，竟然有7%的人表示宁愿一年不洗澡，也绝不能不上网。由此可见，互联网在人们心目中的地位。[①]

对媒介的非理性依赖势必会造成媒介和人的异化。异化主要指主客易位或颠倒，主体在一定发展阶段分裂出对立面，变成外在异己的力量。过度的媒介依赖容易使媒介异化成压抑人的主体。现实生活中有很多互联网的沉溺者，他们对媒介的过分依赖而带来的媒介与人的异化也是一种非理性现象。他们不能节制使用传播媒介，将过量的时间和精力投入到媒介所营造的世界中去，漠视传统的人际交流，价值和行为选择的一

---

① 王怀春．新媒介时代受众对媒介依赖的变化 [J]．当代传播，2009（2）：90－92．

切都必须从媒介中寻找依据，全身心沉浸在媒介提供的喜怒哀乐中，而对现实麻木迟钝，满足于与媒介中的虚拟社会互动而回避与现实社会互动，性格孤独、自闭等。因而在"couch potato"的基础上，人们又创造了一个新的词汇——"mouse potato"，这些人又被称为"网络瘾君子"。手机媒介出现后，媒介依赖症的表现便是"手机控"，总把手机带在身边，否则就心烦意乱；一段时间手机铃声不响，就会感到不适应；经常下意识地寻找手机，不时查看；总有"手机铃声响了"的幻觉，甚至经常把别人的手机铃声当成自己的；当手机无法连线网络、收不到信号时，脾气也跟着变得急躁。网奴、网瘾、时刻在线族等都是对媒介过度依赖的群体。

媒介在满足人类需求与人类的关系之间经历了供不应求到供求相对平衡，再到供过于求的发展阶段。人们接触媒介的目的主要是获取各类信息，但随着媒介智能技术的发展，媒介满足人类需求的水平在提高，同时也导致了人们对媒介依赖程度的提高，并最终使受众产生了"媒介依赖症"。

总之，媒介的重要性并非只在当下，而是贯穿人类社会发展的始终。媒介依赖的发展过程可以说是一部媒介技术的演进史。身处现代化传媒的今天，我们更要加强媒介素养教育和理性思考，合理地使用媒介，努力防范"媒介依赖症"的出现和蔓延。

温故知新

1. 公民媒介素养对民主政治构建的意义是什么？
2. 简述受众、媒体、政府三方面媒介素养的关系。
3. 简述电子媒介的媒介依赖的特点。
4. 简述互联网时代的媒介依赖特点。
5. 简述媒介对文化生活的积极影响。
6. 简述媒介对文化生活的消极影响。

第三章 书 籍

第一节 认识书籍

一、书籍的历史发展

最古老的书籍是铭刻，铭刻的载体有骨头、石头、木头，有陶器、青铜器、玉器，也有树皮和树叶。

甲骨文是将文字刻在龟壳或兽骨上的铭刻，它是中国独有的铭刻。河南安阳殷墟出土的甲骨文，是最早被发现的甲骨文，上面记录了殷王的社会活动和日常生活的各方面内容。

半坡遗址出土的陶器和陶片上的一些刻画，则是刻画在陶器上的铭刻。这些铭刻距今大约有 6000 年，但不能确认这些文字或者符号表达了什么内容，因为没有人可以将它们辨认出来，有些学者甚至认为它们不是汉字。邹平县丁公龙山文化遗址出土的"丁公陶文"以及高邮龙虬庄遗址出土的"高邮陶文"，都是类似的陶器铭刻。

良渚文化遗址出土的一些玉器上的铭刻，是以玉器作为载体的铭刻。

我国出土的许多商周时期刻有文字的青铜器，都是青铜铭刻。例如，河南洛阳出土的我方鼎，河南安阳出土的四祀邲其卣。我方鼎上总共有 40 多个文字，通过解读，发现其讲的是一些关于祭祀的事情。四祀邲其卣是商王辛赏赐给邲的一件酒器。其上的文字大概是讲商辛举行祭祀，其间，邲被其赏赐了很多宝贝。

埃及的巴勒莫石刻，是以石头为载体的铭刻。它是埃及最古老的纪年石刻。石刻罗列了埃及 5 个朝代法老的名字，同时还记载了尼罗河每年洪水的最高水位和与之相关的重要事件。

泥版书是巴比伦、苏美尔、亚述和赫梯人书籍的最早形式，其书写方式是将文字刻在用泥制成的规格相当的泥块上，上面的文字多是用木质的硬笔写上去的。写好之后用火烘烧，就形成了坚硬的泥版书。在 19 世纪，科学家对两河流域的遗址进行了系统地挖掘，发现了 50 多万块泥版书。这些书出现在公元前 1800 年至公元前 1600 年之间，但由于所用的文字是楔形文字，其中的内容直到 1935 年之后才逐渐被辨认出来。

埃及纸草书是已知最早用植物纤维做成的书写材料。根据出土的文物，它出现的时间大约在公元前 3000 年，其用于书写的时间，大约在公元前 30 世纪。

在铭刻和纸草书之后，又出现了一种新的书籍形式，即以竹条或者木条作为书写材料的简策。简策是中国最早的正式书籍，大约出现在公元 8 世纪。说它是中国最早的正式书籍，是因为它已经具备了书籍装帧的雏形。简策是用绳将带孔洞、写有文字的竹条或者木条串联在一起而成，是一篇完整的文字内容。简策的"策"与我们现在的"册"含义相同。通常，简策最前面的两根竹条或木条是空白的，被称为"赘简"。赘简后来演变为封面、护封和扉页。"韦编三绝"中的编，指的就是简策。但简策也有不足之处，即它有相当的重量，携带起来不便。

因为简策笨重、携带不便，帛书便应运而生。帛书的书写载体是一种特制的丝织品——缣帛。缣帛具有展开和合拢的特点。缣帛出现之后，简策很快被取代。"缣帛"有"缯"和"缣"两种叫法，因此所有"帛书"也有"缣书"之称。帛书出现的时间最早可以追溯到春秋时期，《国语·越语》有载：越王以册书帛。但在当时，由于缣帛的价格不菲，帛书并没有被普遍应用于书写。

将文字写在用植物纤维作为主要材料制成的纸上，是书籍历史的一个飞跃。

植物纤维虽然很早就被用于书写，不过较早的用植物纤维做成的书写材料，还不能算是真正意义上的纸。在中国，已知的最早用植物纤维作为书写材料的是"灞桥纸"。1957 年，在西安灞桥发现了一座汉武帝时期的墓，里面有一些粘在墓中青铜镜上的絮状物。这种絮状物由大麻和苎麻构成，被认为是世界上最早的由植物纤维做成的书写材料。

在更早的时期约公元前 3000 年，埃及也出现了类似的用植物纤维做成的书写材料——埃及纸草书。在当时，它主要用于记载古代埃及书面数学知识。目前存于世的纸草书只有两份：一份是收藏于伦敦的"莱茵德纸草书"；另一份是收藏于莫斯科的"莫斯科纸草书"。我们从这两份纸草书中可以发现，古埃及人在当时已经会运用数学来管理国家和宗教事务、求谷仓的容积和田地的面积、计算建造房屋所需要的砖块数、确定付给劳役者的报酬以及计算酿造一定量酒所需的谷物数量等。

在中国，纸真正意义上被广泛用于书写，始于"蔡侯纸"的发明。蔡侯纸是由东汉蔡伦在总结前人的经验的基础上，用树皮、破渔网、麻头、破布等材料制成的质量高、价格低的纸。从这以后，帛书逐渐退出历史舞台，世界各国的书籍也开始统一用册页的形式。

在书籍的发展史中，有一件事也影响深远，这就是活字印刷术。活字印刷术是由北宋时期的毕昇在总结前人经验的基础上发明的，他发明的泥活字是世界上最早的活字印刷术。在他之后的 15 世纪中叶，德国人约翰内斯·古登堡发明了金属活字印刷术，他所用的金属是铅。毕昇发明的泥活字比约翰内斯·古登堡发明的铅活字，大约要早 400 年。此后，元代人王祯又发明了木活字。

我们今天用于书写的纸张，基本上是在"蔡侯纸"的基础上做的创新。不同的是现在有了专门的造纸机器，制作出来的纸张质量已经非常高。

古代书籍也有很多代称，如青简、韦编、青编、芸帙、芸编、芸签、缥缃、坟典、坟籍等，而"二酉"，则代指丰富的藏书。

二、电子书及其发展

现在，人们越来越多地谈论关于电子书的话题，似乎大家对此都已耳熟能详，但实际上人们对于"电子书"这一概念的理解，往往有非常大的差别。

（一）什么是电子书

电子书的历史已经很悠久了，其内涵也在发展中从有形蜕变为无形。电子书代表人们所阅读的数字化出版物，区别于以纸张为载体的传统出版物，电子书是利用计算机技术将一定的文字、图片、声音、影像等信息，通过数码方式记录在以光、电、磁为介质的设备中，借助于特定的设备来读取、复制、传输。这个定义已经被学术界以及社会各界初步认定，有了统一的认识。显然，电子书是一种以多媒体形式出现的信息载体，其在功能方面不仅是只以视觉效果来对人们的知识获取产生影响，而且是在听觉、触觉上对人们产生刺激的一种知识学习的工具，并且集教育、娱乐、收藏和检索于一体，在各个方面对人们产生影响。①

随着互联网的兴起，无形的电子书，即脱离了光盘、存储卡等硬件的电子书，开始以多种方式通过互联网广泛传播，影响越来越大。电子书的概念开始拓展到其制作、发行、数字版权保护系统，同时也延伸到其多种阅读设备，如电子书专用阅读设备、个人电脑、掌上电脑以及电子书柜等。这样，人们就得到了一个广义的电子书概念，而原有的电子书概念演变成了电子书的狭义概念。

（二）电子书的特点

（1）利于环保。电子书的出现可以大大降低出版商的成本，摆脱依赖纸质媒介来承载信息的束缚。同时，可减少木材的使用，利于保护森林资源，避免只用纸张，也减少了造纸过程中带来的环境污染。

（2）存储量大。与传统书籍相比，电子书具有存储量巨大的特点。

---

① 杨伟．常用电子图书格式和阅读工具的分析研究［J］．四川图书馆学报，2001（3）：58.

一张只读光盘可存储 650 M 字节，相当于 1000 册 30 万字的传统书籍，这给信息的保存带来了极大的方便。据统计，仅仅是 OCLC 的 First Search 就有 3700 万条书目记录，6 亿多条馆藏信息，12500 种期刊目次，几千种学术会议论文；Uncover 有 17000 条期刊论文目录可供检索。这种海量的存储技术，大大降低了图书的体积，极大地节省了藏书空间，为既定空间范围内更多、更全地存储图书提供了前提和可能。

（3）补充馆藏图书副本量。电子书的优势还表现在那些利用率高或丢失及毁损较为严重的图书上。读者常常对新书及畅销书有强烈需求，而且图书馆的很多图书的丢失及破损率也相当高，电子书通过技术手段或增加复本等方式可以同时满足多位读者的阅读需求，避免传统印刷型图书容易出现的问题。①

（三）电子书的发展

1. 电子书的发展阶段

根据对过往的研究，电子书的发展经历了三代。

第一代电子书，是采用 login 授权的方式从远程登录到存放书的服务器去取。这种方式无法进行版权保护，所以其现在基本上仅是公司用于内部文件相互传输的方式。

第二代电子书，应用各种阅读器软件，将符合格式的书下载到电脑上，用显示器来阅读。常用的阅读软件有 Adobe 公司的 Acrobat Reader、华康公司的 Dyna Doc，以及超星公司的国产阅读器软件 Ssreader 和北大方正的 Apabi 等。这些阅读器软件制作出的供下载阅读的电子书能够保持纸质书原来的版式和色彩，可以限制复制和打印，所以受到作者和出版社的欢迎。但是这些阅读器软件相互之间不能兼容，而且购书者也无法脱离电脑进行阅读。

第三代电子书，是真正意义上的"电子书"，是电子读物与电子阅读器的有机合成体，是一种类书型的电子文化产品。电子阅读器是一个书

---

① 高峰. 关于电子书的概念及其发展 ［J］. 沧桑，2006（5）：106－107.

本大小的阅读器硬件，几百克重，支持网上购买和下载电子书。由于可以对硬件加密，所以这种方式目前是对版权保护得最好的方式。

2. 国外电子书发展

1971 年，Michael Hart 把一些他自己认为对人类有一定意义且无版权的书籍输入电脑，放置在网站（http：//www gutenberg. net）上供人们免费阅读和下载，被命名为"谷登堡工程"。"谷登堡工程"第一次使纸质图书规模化地转化为电子书，而且在整个工程的实施过程中，从组织者到参与者全部都是志愿者，不领取一分钱。上传的书籍有莎士比亚和狄更斯的作品，还有《圣经》和美国的《独立宣言》等。截至 2000 年 11 月 20 日，这个网站上的书籍已经有 3000 多种，并以平均每天一种的上传速度不断增加。①

1981 年，《*The Random House Electronic Thesaurus*》——世界上第一本电子书产生。著名的兰登书屋（C Random House）、西蒙和舒斯特（Simon & Sohuster）、哈柏—柯林斯（Harper — Collins）等大出版商相继介入电子书市场。20 世纪 90 年代以来互特网的发展推动了网络版电子读物的出现与普及。2000 年 4 月，美国畅销小说作家 Stephen King 发表了一本小说《骑弹飞行》（*Riding the Bullet*），这是第一本只发行电子版本、不发行印刷版本的图书，由出版商 Simon & Schuster 出版。《骑弹飞行》在电子书销售史上创造了传统出版界所没有的奇迹，作者获得的收益是传统纸质图书出版的 40 倍，使电子书出版市场呈现出生机勃勃的局面。《骑弹飞行》一书的出版，不仅引起了出版商、网上书店、电子图书出版技术商的极大关注，也促进了相关技术的发展，为此有人把 2000 年称为电子出版的元年。微软、Adobe 等大公司，也介入电子书的产品开发，著名的 Gartner 集团将电子书列入 1999 年十大技术之一。时任微软公司技术副总裁的 Dick Brass 认为，未来 15 年内，将有一半的书以电子书形式销售。《骑弹飞行》尽管只是个案，但其更新了印刷业、出版业、IT 产业对出版

---

① 李丽. 宾印在网上的书——E - book ［J］. 现代情报，2002（4）：48 - 50.

概念的理解，图书载体已不是界定出版的前提，电子书出版为传统出版业开辟了一条全新而灿烂的道路。

3. 国内电子书发展

与国外相比，我国的电子书起步较晚，但是成绩斐然。1996 年 2 月，武汉大学出版社研制出"博克电子图书编著环境"，这是一套通用的中文电子书制作与阅读工具系统。博库网站、超星公司、书生之家、方正 Apabi 等几家公司各自开发了专用电子图书浏览器软件。各家出版社也纷纷推出自己的电子书业务。以辽宁出版集团为代表，它们建立了"中国电子图书网"（http：//www.cnbook.com.cn）。读者可以从网上阅读、下载或购买所需图书。新浪、网易等门户网站也纷纷开设电子书网上阅读、下载和购买服务，像"e 书时空"（http：//www.eshunet.com）、中文电子书（http：//www.chines E - book.com.cn）这样专业性的电子书商务网站也纷纷建立。

我国电子书虽比其他一些国家起步晚，但发展却比这些国家快，因为我国的出版社都在采用方正的电子排版系统，这就有一个有利的条件，即印刷纸书的时候同时就有了电子文档，可以用来出版电子书。方正又推出 Apabi 中文网络出版整体解决方案，着重解决了网络出版三大关键技术问题，即数字版权保护、电子书安全分发和数量统计技术、图书资源数字化技术。尤其是版权保护机制，不仅能有效控制非法复制行为，保证读者购买的电子书只能在一台机器上阅读，同时还解决了传统出版业十分棘手的盗版问题。原北京大学出版社社长彭松建说："以版权保护为中心的网络出版，为出版社摆脱盗版噩梦带来了光明，同时它也将为传统出版打开新的利润空间。"①

第二节　传统阅读的价值

随着知识经济时代的到来，传统的阅读方式正在转变，数字图书的

---

① 王寅. 电子图书利弊谈［J］. 玉溪师范高等专科学校学报，2000（2）：49 - 50.

蓬勃发展使得人们逐渐接受网络阅读方式。相关研究表明，近年来中国国民读书率持续降低，有1/4的被访者的读书时间在减少。虽然网络图书能够通过色彩的鲜艳、生动的插图和音乐搭配吸引读者，但传统阅读通过图书给读者带来的理性思考和判断，更利于人们抽象思维的发展。我们不能因为网络媒介信息的便捷获取，就放弃传统阅读。

一、传统阅读与网络阅读

（一）传统阅读的优缺点

传统阅读就是基于纸质书籍的阅读，阅读的过程强调对书籍内容的"咀嚼"，强调在这样的方式中获取精神养料，提高读写能力，正所谓"熟读唐诗三百首，不会作诗也会吟""读书破万卷，下笔如有神"。

传统阅读方式的优点在于方便简易，一次性付费，物耗低，有收藏价值，书籍特有的质感给读者带来的视觉冲击和感官享受是网络阅读所不能及的。

其缺点是功能单一，书籍占据空间大，容易受空间和时间的限制，满足不了读者随时随地都能阅读的愿望。

（二）网络阅读的优缺点

网络阅读是指基于网络环境的阅读，这种阅读是以上网者作为主体，以智能媒介设备所负载的数字化信息为阅读对象，以获取信息和人机互动为目的的一种崭新的交流、学习和思维方式。

作为一种读书新形式，网络阅读的优点是不受纸张限制，没有携带保存障碍，既方便又节约资源。与传统阅读相比，网络阅读不仅是阅读载体发生了变化，而且还具有信息多、内容新和阅读速度快的特点，网络对于那些在数字时代成长起来的年轻人来说，最大的吸引力就在于其突破了传统的阅读习惯，同时能够满足人们交流沟通的需求。在纸质图书价格节节攀升的今天，网络阅读是最便宜的阅读方式。

同时，网络阅读潜在的缺点也很多，比如，网络阅读对视力的危害很大，电子阅览器在工作时，其显示器会产生较大辐射，伤害人们的眼

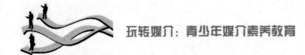
睛。与传统阅读相比，网络阅读更容易让人处于失控状态。因为读"网"比读书更具诱惑力。网上阅读信息量大，内容庞杂，人们很难迅速筛选出有价值的信息。网络内容良莠不齐，部分内容会对身心尚未成熟的青少年产生不良影响。

（三）传统阅读和网络阅读的关系

传统阅读和网络阅读各有长短。网络阅读通常是走马观花，虽然便捷，但只是增长了知识的宽度，最大的弊端就是缺少深度，这样的阅读习惯容易造成读者思维能力的弱化。在传统教育理论中，认为真正学习知识、研究学问，必须要进行传统阅读，书籍的作用是网络阅读不能取代的。

总的来说，传统阅读对于深层次知识研读和深度学术交流更有价值，纸质媒介仍然是老少皆宜的一种载体，最能够表现和传达细致入微的情感与深刻思想，代表着一种阅读的传统和理念。但不可否认的是，网络阅读、数字媒体这样的新兴媒介具有不可阻挡的发展前景。因此，传统阅读和网络阅读相互补充、共同发展，将会构成未来阅读形态的综合体系。①

二、传统阅读的感官优势

（一）视觉体验上的独特

纸质书籍的装帧设计过程是通过设计师对书籍内容的理解把握，结合自己的设计对书籍内容进行抽丝拨茧、取其精华，将其转化为书籍特有的视觉元素，再通过文字、图片、色彩与各种不同材质的纸张有机结合，然后根据阅读对象的不同进行书籍整体外观结构的把控与装帧，最后将信息传递给读者。材质色彩的丰富可使读者在阅读书籍时得到视觉上的享受。一本生动的书离不开优秀的书籍装帧设计，优秀的设计能把

---

① 毕苗苗. 浅谈传统阅读 VS 网络阅读时代下高校图书馆未来发展趋势［J］. 科教文汇，2009（10）：52.

不同的书籍通过精心的选材、排版和印刷工艺呈现在读者面前，使读者看到书籍就能感受到其内在的含义和外在的独特气质，造就了纸质书籍独特的品相。①

（二）触觉体验上的丰富

纸质书籍的触觉体验主要体现为一本书在设计过程中使用的材料、书籍的外形、翻阅的结构。而这些都是书籍装帧设计师通过对书籍文字内容的细致了解，使其在装帧上得以具象的表现而来的。当读者触摸这本书的时候，才能更好地体现出它的内在情感，即设计师通过装帧设计赋予书籍的内在气质和外部张力，文字内容的情感表现随着人们手捧书籍、逐页翻阅的触摸过程而萌发、升华，带来丰富的手感。而电子阅读器触感单调、没有节奏，在翻阅时与纸质书籍有很大的差异，给人触感上的乏味单一。

（三）味觉体验上的芳香

人们常用"书香"来形容书的气与味，这意味着读者同样关注书籍带来的嗅觉、味觉感受。之所以将嗅觉与味觉放在一起阐述，是因为人们的味觉感受往往是伴随着嗅觉感官刺激同时产生的（如人们闻到杏、梅之味，味觉感官会伴随着嗅觉刺激使人感受到味觉上的"酸"）。书是有香味的，一本好书不仅看着享受，摸着舒服，闻着也让人愉悦。书籍所用的纸本身就是有香味的，不是香水的香味，而是材质的香味，不同的纸张有不同的味道，混合油墨的香味更让人回味。最典型的案例有：Nick Bampton 为日本著名品牌无印良品（MUJI）设计的 *Spice Taste - Leaf Book*——"香料天书"，采用可食用的材料制作，读者可以通过嗅觉感受不同香料的差异，每一页纸就是一页特定含量的香料，甚至可以按照需要的分量撕下一块扔到锅里，当作真正的香料使用。这也是纸质书籍带给读者嗅觉、味觉体验的非凡感受，而电子阅读器在设计上还未涉及感官领域。②

---

① 吕敬人. 承其魂、拓其体——留住传统书籍温和的回声 [J]. 饰, 2008 (4)：8 - 10.
② 李鸿洋，田红艳. 纸质书籍发展的现状及其感官优势的分析与研究 [J]. 才智, 2016 (12)：251.

（四）听觉体验上的韵律

纸质书籍的听觉体验之所以被书籍装帧设计师所重视，是因为人们选择的阅读环境多为安静的图书馆、咖啡厅等场所。正是人们对安静阅读环境的选择，才导致纸质书籍自身的不同材质、厚度、纸张大小等因素的变化，进而使翻阅过程中的听觉体验变得尤为丰富明显。原研哉先生在其《是什么唤醒了感觉》一文中，将书籍阅读过程中纸页划过空气的"沙沙"翻阅声、手指揉捏书角的按压声、指尖触碰页面的摩擦声等称作翻阅过程中的"呼吸感"，也就是阅读过程中人与书籍互动的韵律和节奏。这种阅读过程中有意识或无意识产生的美妙乐章往往体现出阅读者此刻的心情与情绪波动，它能够更有效地给予读者阅读时一定的代入感，通过听觉感官的刺激提升读者的阅读体验。虽然电子阅读器翻页时也具有电子音效，但是这种音效只能是重复的、毫无变化的，甚至给人死气沉沉的感觉，不能像纸质书籍一样，每次翻阅可以随着读者心情和手的力度的不同发出有微妙差异的声音。

由此可见，电子阅读器胜在"轻盈便捷"的快速阅读形式，而纸质书籍则胜在愉悦丰富的感官阅读体验过程。我们很难去辩驳出谁更优于对方，只是人们对不同阅读形式的选择。可能对于需要快速讯息积累的人来说，电子阅读器更为方便；而对于希望静下心好好品味一本好书的人来说，纸质书籍能够更大程度为其带来阅读过程中的愉悦感官体验。正如 BBC 记录片《The Beauty of Books》中英国的斯蒂芬·贝利所说的："对我来说，一本精美的纸质书籍阅读过程就是一场精神盛宴。电子阅读器的确能够更快地接受文字信息，但那就像是说，我要一杯法国勃艮第红葡萄酒和我要给自己注射 3.5 毫克酒精，两者根本不是一回事。"的确，当我们手握书卷、轻抚摩挲、缓慢翻动、书香沉醉，这何尝不是一种多感官体验上的极致享受？这也正是电子阅读器所无法替代纸质书籍的原因之一。①

---

① 李鸿洋，田红艳. 纸质书籍发展的现状及其感官优势的分析与研究 [J]. 才智，2016（12）：251.

温故知新

1. 简述书籍的历史发展。

2. 简述古代书籍的代称。

3. 简述电子书及其发展。

4. 简述传统阅读的优缺点。

5. 简述网络阅读的优缺点。

6. 传统阅读的感官优势是什么？

第四章　报纸与杂志

第一节　解读报纸与杂志

一、报纸

（一）报纸的传播

1. 报纸的概念

报纸是以刊载新闻和时事评论为主的定期向公众发行的印刷出版物，是大众传播的重要载体，具有反映和引导社会舆论的功能。

2. 报纸的内容构成

报纸主要通过版面承载的文字和图片符号进行传播，报纸版面上的主要内容包括新闻、评论、副刊和广告等，其中新闻是报纸的主角，是传播机构经过多种选择和把关的结果。

从报纸的内容构成看，报纸是以刊载新闻、新闻评论、社论、副刊以及广告等内容为主的、面向大众定期发行的散页印刷的出版物。报纸有固定的名称、相对固定的内容栏目设置和风格特征，可以分为日报、周报、旬报等。随着社会的发展、读者信息需求的多样化，报纸的种类和类型也越来越多。除了以传播新闻信息和评论为主的报纸外，还出现了以提供娱乐和生活服务信息为主的休闲服务类报纸，如《精品购物指南》等。

新闻是公众关注的最新实时信息的报道，但并不是所有的信息都能成为新闻，只有满足了时效性、客观性、重要性、公开性的信息才能成为新闻。

新闻评论是新闻工作者结合新近发生的重要事实，针对当前人们普遍关注和存在的实际问题，通过报纸发表的一种具有倾向性，以广大读者为对象的论说性文体。

社论是报纸编辑部最重要的指导性言论，集中反映并传播政党、社会政治集团或社会群众团体，对当前重大事件和迫切问题的立场观点与主张。评论员文章主要表述编辑部的观点态度，权威性仅次于社论，通常用来评论一些具有重要意义的事件或问题。

副刊是报纸上以刊登非新闻类题材的文章为主的专版。它是用文学体裁反映社会的文艺，能给读者提供美的享受的固定版面，定期出版，一般有刊名。

广告是报纸版面的基本元素，是报纸最重要的经济来源。新闻是报纸的主体，广告是报纸的附属。

从理论上讲，几乎每则新闻都包含某种传播意图，而众多新闻信息组合起来，编制在媒介中将更具有目的性和意图性。当大量新闻文本经过组合编辑后，它们创造出来的就不再仅仅是简单的关于事实世界的最新变动信息，而是对事实世界最新变化景象的简单描述，也是传播者试图让受众感知到的意识和思想。

（二）报纸的发展

16 世纪中叶，手抄新闻在意大利的威尼斯诞生。1615 年，艾莫尔创办了著名的《法兰克福新闻》，每周一期，每期刊登数条新闻，这份报纸被认为是世界新闻史上第一份真正的报纸。此后报纸成为人们了解世界、认识世界的重要工具。

作为最早诞生的讲求真实性、客观性与实效性的大众传播媒介，报纸见证了几百年来世界的变迁，经历了许多重大历史事件的转折，播撒

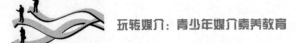

了著名政治人物的高谈阔论，对整个世界的经济、文化、政治产生了极其重要的影响。报纸的出现改变了人们的信息接收环境，重新定义了人们关于信息的概念。直到今天的网络时代，报纸的影响力依旧不可忽视。

中国的报纸从历史深处走来，距今已有1000多年的历史，但作为大众传播媒介的报纸的出现，是近代以来的事情。中国报纸从古代到近现代的演变，以及在当今网络时代的发展，不仅是中国新闻传播发展的历史，也是中国历史变迁的缩影。

1. 古代报纸是官方传递政治信息的工具

中国最早的报纸被称作"邸报"，这种报纸在唐朝时就出现了。从唐朝到清朝，《邸报》几乎没有发生结构性变化，其内容主要包括皇帝的活动、皇帝的诏旨、官吏的任免、官僚的奏章、朝廷的政事活动信息。

2. 近代的报纸是西学东渐的产物

19世纪出现的近代报纸，其内容突破了单一的政治信息，以传递新闻信息为主，读者面也扩大到普通读者，因此，被称为新报。

中国近代真正大众媒介意义上的报纸都是由外国人创办的。最初报纸和期刊没有严格的区分，外国人办的第一份中文报纸是英国伦敦布道会传教士马礼逊和米怜于1815年在马六甲创办的《察世俗》《每月统记传》，此后，一些外国人开始在中国境内办报。尽管外国人把报纸这种先进的传播媒介带到中国，其最终目的是传教或控制中国人的思想与经济，但以传递新闻、发表意见和监督政府为主要功能的报纸的出现，已经改变了中国官报独占的格局。

早期改良主义知识分子对报刊的认识，深受外国人办报模式和西方新闻思想的影响。这些知识分子认为报纸是通民情、达民意的工具，是传播知识、开启民智的媒介，是监督政府的利器，也是对抗反华舆论的阵地。1921年中国共产党成立后，就以报刊为宣传武器，形成了争取革命胜利的、没有硝烟的第二条战线。1927年，中国国民党建立全国性政权后，在全国范围内创办了以《中央日报》为核心的党报体系。政论报纸和政党报纸的特点在于以争取政治上的胜利为目标，报刊是政党政治活动的一部分，内容重在传播政党的观点和主张。

3. 现代报业：企业化经营的典范

具有百余年历史的《大公报》在 1902 年创办于天津，是中国新闻史上经营最成功的典范。《大公报》之所以成功，是因为它做到了报纸最基本的两项工作：登载确实的消息；发表负责任的评论。该报的出色经营使它的销量甚佳，广告收入也不断增加。1941 年《大公报》以极出色的新闻报道，获得密苏里大学新闻学院授予的最佳新闻事业服务荣誉奖章，这是中国报纸首次获得的国际殊荣。

进行企业化经营的现代报业，是一种经济活动，报纸独立经营，不接受政府津贴，内容以新闻报道和评论为主，通过卖报收入和获得广告费进行报纸的再生产，办报人员多为职业新闻工作者。报纸能够直言论证，自觉引导社会舆论，通过及时的新闻和观点鲜明的评论，吸引读者的注意力，为报纸发展打下了坚实的基础。[①]

4. 当代报业：多元繁荣的格局

政府重视报纸的舆论宣传作用，先后创刊多份机关报。党报的地位也非常特殊，最突出的特点就是强调报纸是党的舆论宣传的工具。比较知名的《解放日报》是抗战时期中国共产党在陕北创办的；一直发展至今的《人民日报》也是由中国共产党于 1948 年在河北平山县创办。

中华人民共和国成立后，我国党报的发展大体分为三个阶段：第一个阶段是从中华人民共和国成立到改革开放，党报相当于一个事业单位，在经营上，党报犹如公共事业性机构，由国家政府财政拨款，物资由国家统一分配，发行由邮局包办。第二个阶段是改革开放到 20 世纪末，报纸的商品属性得到认同，党报在社会主义市场经济中开始了初步市场化改革。逐步确立了事业单位企业化管理的模式。随着市场化的推进，党报更加重视新闻性，时效性开始兼顾，以满足社会各方面的需要。第三个阶段是 20 世纪末至今，这一时期报业的产业化、集团化趋势成为改革主流，

---

① 于翠玲，刘斌. 大学生媒介素养概论［M］. 北京：北京师范大学出版社，2012.

各地纷纷组建以党报为龙头的报业集团，从 1996 年中国第一家报业集团——广州日报报业集团组建至 2015 年，我国报业集团已多达 50 家。

5. 报纸大众化：晚报、都市报的发展

改革开放以后，原先的党报一元化模式变为多元化、多层次的报业结构，其中包括晚报和都市报。作为千家万户的灯下良友，晚报有自己的独特时间，即日报截稿后到晚报截稿前，一般为夜间 12 点到中午 12 点之间，这期间发生的事都可以成为晚报的独家新闻。晚报尽力满足不同阶层、类型和年龄层次读者的需要，在谈天说地中，体现指导性，发挥潜移默化的作用。都市报是机关日报的延伸和补充，是晚报的变通。都市报自诞生之日起就走进市场，内容可读性、趣味性和群众性兼容并包，订阅率高，发行到千家万户，能有效吸引广告客户。

6. 网络时代的报纸：数字化变身

电子传播媒介的出现和发展给印刷媒介带来了很大的震动。论传播速度，报纸赶不上广播；论感染力和吸引力，报纸不如声画兼备的电视和网络，但随着信息技术的发展，报纸不但没有灭亡，反而与新媒体携手进入新的发展时期。其原因主要有以下几点：

第一，内容数字化。报纸网络版以文本新闻为主要内容，是抽取报纸文字图片再排列的结果。报纸的许多优势，如版面排版的美观，报纸阅读的舒适，以及报纸阅读特有的跳跃阅读、快速浏览等网络版都无法体现。随着数字化技术的发展，2007 年 4 月 8 日，我国首份付费数字报纸《温州日报》《温州都市报》在全国上线发行，它图文并茂，可以翻阅，有朗读功能，广告内容以多媒体呈现，可作电视看。

与传统报纸相比，数字报纸有其天然的优势和特点，传统报纸有出版周期，时效性大打折扣。数字报纸打破了传统的出版周期，省去了出版和发行环节，使新闻的时效性更强。传统报纸有地域限制，数字报纸的传播范围打破了地域限制，只要有网络，就可以阅读数字报纸。传统报纸的容量受版面限制，而数字报纸的容量是无限的，并且可以长久保存。在互动性方面，传统报纸互动性差，读者向报纸反馈信息的难度大；

而数字报纸的读者可以利用网络的互动功能，方便快捷地发表意见和评价，传统报纸的生产销售需要消耗大量的人工成本、合成物质成本，而数字报纸则减轻了印刷和发行成本。

第二，业务流程重组。随着媒介集团化的发展，一个媒介集团可以同时拥有广播、电视、报刊、网站，传统的运作方式让位于协同治理结构与跨媒体内容生产。

第三，接收终端多元化。在数字时代，报纸的形式以二进制方式编码，能够在不同的网络，如计算机网、广播电视网与电信网中自由流通，拥有多个接收终端，尤其是新媒体，如手机与数字广播电视的出现，使得报纸的接收终端更加多元化，手机报就是其中典型的案例。手机报是依托手机媒介，由报纸移动通信商和网络运营商联手搭建信息传播平台，向受众提供的一种信息服务，手机作为阅读终端，目前主要有短信型、WAP 型、长线形等几种接收方式。①

二、杂志

（一）杂志的概念和功能

1. 杂志的概念

现代意义上的杂志，又称期刊，是一种定期出版物。它根据一定的编辑方针，将众多作者的作品汇集成册，每期版式大体相同，有固定刊名，以年或月为序，定期或不定期连续出版。任何一种杂志都必须以自己的"ISSN"（国际标准连续出版物号）进行出版。

2. 杂志的功能

从传播学角度看，杂志较图书浅显易懂、时效性强，富有连续性；较报纸内容丰富，论述深入。杂志迄今已发展到传统纸质杂志与电子杂志相互渗透、文化性和商业性相互融合、专业性与大众性相互交织的阶段。当今人们尤其是青少年，面对五花八门的、众多的杂志，要学会理

---

① 韦中华. 数字化媒体时代报纸改版刍议——以南方都市报为例［J］. 青年记者, 2014（12）: 18 – 19.

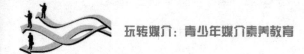

解甄别、判别和利用，让其为提高学习、工作和生活质量服务。

（二）杂志的由来

杂志，最早指零碎的笔记。例如，宋代周辉撰写的笔记杂著《清波杂志》，此书主要记述宋代的一些名人轶事，以及当时的一些典章制度、风俗物产等。

与其他传播媒介一样，杂志是随着科学技术的进步，为了满足社会发展需要而产生的。1665 年 1 月创办于法国的《学者学报》，被认为是世界上最早的杂志。19 世纪，西方传教士将杂志传入我国。我国最早以杂志命名的刊物是《中外杂志》。

到了近代，中国人开始自己办刊，主要是在维新运动和辛亥革命时期，打破了外国人垄断中国杂志出版的局面，杂志出版事业空前活跃。《新青年》的创办，标志着我国杂志出现划时代的转变，开始了现代历程。此时杂志传播特性更为明显，它比图书浅显易懂，实效性强，富有连续性，又比报纸内容丰富深刻。同其他媒体一样，杂志一方面扮演着为全社会生产和传播信息的社会公器的角色，另一方面还将新型产品通过市场交换来实现商业价值。杂志以其通俗性、时效性和丰富性接近大众，形成了强大的社会影响力。杂志为读者提供了多维度、多层次接触文化的机会，搭建了作者与读者相互交流和沟通的平台。

（三）杂志的现代发展

中华人民共和国成立后，党和国家政府高度重视杂志的出版发行工作。1949 年全国有杂志 257 种，到 2008 年已发展为 9549 种，平均印数16767 万册，总印数 31.05 亿册，内容上越来越多层次、多样化，以满足不同类型读者的需求，如时尚类杂志、娱乐类杂志、电子类杂志等。形式上，期刊明显减少，月刊、半旬刊、半月刊迅速增加，涌现出一批质量较高、深受国内外读者欢迎的品牌杂志，如《人民文学》《读者》《知音》《中国国家地理》《瑞丽》《新闻周刊》《财经》《健康之友》《三联生活周刊》等。杂志业界还向集约化和规模化发展，出现如《读者》《知音》《家庭时尚》等刊群。

"2013 年度中国数字杂志阅读报告"指出，通过以手机为主的无线智能终端阅读杂志的中国用户已经超过 1.5 亿人，随着网络环境的改善，越来越多的人选择直接在线阅读而不是下载阅读，娱乐、时尚、新闻、数码是用户首选的阅读内容。用户在手机上看杂志越来越投入，阅读每本杂志的平均时间从 2012 年的 63 秒增长到 230 秒。[①]

杂志发展到今日早已融入到现代人的生活中，而人们也不再限于通过报刊亭等实体店购买杂志。在当当网、淘宝网、杂志铺等网站上，就可以订购一期或者是一年的杂志，省去了中间购买的不必要环节。杂志按时邮寄到订阅者手里，省时省力，而且还有很多额外优惠。这些优势决定了杂志订阅走向电商是一种趋势。

（四）电子杂志

电子杂志，又称网络杂志、互动杂志。早在 2007 年就已经进入第四代，以 HTML5 技术独立于网站存在。电子杂志兼具平面与互联网的特点，且融入了图像、文字、声音、视频、游戏等。此外，还有超链接、及时互动等网络元素，并且其延展性强，未来可移植到 PDA、MOBILE、MP4、PSP、TV（数字电视、机顶盒）及平板电脑等多种个人终端进行阅读。未来的电子杂志直接通过浏览器跨平台阅读，使得各种移动设备也能无障碍地看到原版矢量的电子杂志，不再需要下载和存档，大大提升了电子杂志的阅读体验。[②]

第二节　报纸与杂志的传播

一、报纸的传播特征

报纸以其独特的技术优势克服了手抄文字传播阶段的不足，形成了

---

① 黄卫来．现代期刊业发展的 10 个趋势 [J]．中国出版，2002（1）：38－40.
② 袁海红．移动型电子杂志对大众文学阅读的影响 [J]．忻州师范学院学报，2014，30（6）：14－17.

自己的特点。作为现代社会生活中举足轻重的纸媒，报纸与广播电视互联网等其他大众传媒相比，有其自身的特点。

1. 报纸的优点

报纸便于携带，便于选择内容，不受时间和地域范围的限制，人们可以自由掌控阅读的时间和地点。同时，报纸以文字符号为主，适合传播思辨性内容。报纸的传播符合新的印刷需要，读者以阅读的方式接收信息，阅读中会不可避免地产生思辨效应。报纸在揭示事物本质、评析事例方面具有先天优势，因此，报纸内容相对其他新闻媒介更有深度和权威性。报纸可以为新闻事件提供背景资料、历史资料，可以对新闻事件进行分析和细致报道，这也正是体育爱好者在观看了电视和网络实况后，还要去阅读次日报纸上有关的新闻的原因。反映社会现实的深度报道，是报纸发挥自身优势的表现。从新闻报纸中，读者可以把握社会变化与发展的真实脉动，获取有助于自身生存和发展的较为重要的信息。[①]

2. 报纸的局限

随着科学技术的进步以及人类传播事业的发展，在电台、电视台和互联网等电子传媒出现之后，报纸存在明显的局限。第一，对读者教育程度有要求。第二，与电子媒介的声形并茂相比，报纸略逊一筹。第三，时效性偏弱，传播不够广泛。第四，互动性不够强。第五，报纸的信息量受制于版面。

二、杂志的传播特征

杂志作为传播媒介，既具有一般传播媒介的特征，又具有自己的独特性。在形式上，杂志具有出版的连续性，版面的稳定性和作者的多样性等特征。[②]

① 张海鹰. 报纸的优势与未来 [J]. 中国报业，2005 (11)：37.
② 蔡东汉. 科学学术期刊的传播特征 [J]. 编辑学刊，1993 (3)：53–55.

第三节　如何使用报纸与杂志

一、报纸的使用

在电视和互联网普及之前，报纸是人们获取新闻的主要媒介。读者阅读报纸，要保持一种比较审慎的态度，学会辨别报纸上的新闻信息，以批判性的思维来评价报纸的言论，最终形成自己的见解。

（一）利用报纸获取资料

当今的报纸不仅同步发布电子版，还有多种报纸数据库，可回溯历史的报纸内容，这使得普通读者有条件来翻阅历史资料。利用纸质全文数据库，读者可以通过主题词来完成纵向的信息检索，如历史事实和名词。

（二）利用报纸表达意见

通过媒体表达意见是每个公民的权利，网络、报纸的发展，为公民行使这种权利提供了巨大的自由空间。青少年有机会通过网络、报纸、论坛及时发布信息，或者发表评论。青少年在网络上发布信息，要理解作为一个公民的权利和义务，以理智的思考来提出问题，对自己的言论负责，为促进社会的和谐发展贡献力量。

（三）利用副刊了解文化信息

读者阅读副刊的文艺内容，可在澎湃的生活中凝聚起诗情画意，在历史理性与人文价值的张扬中吸收文化的养分。

二、杂志的使用

（一）阅读内容丰富，进行文化积累

通过阅读杂志，我们可以进行文化积累，增进对文化发展的理解。

文化交流不仅能促进不同文化背景的人群、民族乃至国家之间的相互了解，而且能促进不同文化的互动，了解新思潮和新文化。

（二）了解自然科学和科技，收获知识

人们可以透过学术期刊、知识性期刊、综合性期刊了解世界，获得自然科学知识、培养技能。

（三）提高审美能力，陶冶情操

除了因为其本身外在形式中包含美的因素之外，更重要的是，杂志是文学艺术作品的主要载体。随着社会的不断发展，人们的审美要求越来越高，其陶冶情操、提高审美能力的功能也得到了充分发掘。

温故知新

1. 简述报纸的发展。
2. 简述杂志的发展。
3. 简述报纸的传播特征。
4. 简述杂志的传播特征。

第五章　广　播

第一节　感受广播

1895 年，俄国波波夫和意大利马可尼分别发明无线电接收机，广播事业的发展开始成为可能。1901 年 12 月，无线电通信达到实用阶段，英国通过无线电接收机可以和纽芬兰建立联系。从这以后，一直到 20 世纪 30 至 40 年代，世界各国开始出现电台，广播事业逐步发展。

从时间上，美国匹兹堡 KDKA 电台开办得最早，时间为 1920 年 11 月 2 日。KDKA 电台也是世界上第一座有执照的电台。在美国之后，一些较发达的国家开始先后有了自己的广播电台。例如，德国在 1920 年 12 月 22 日创办了柯尼武斯特豪森广播电台。法国在 1921 年 5 月 21 日开办了自己的第一座广播电台，并且在 1922 年 2 月开办了法国国家广播电台。1922 年 11 月 7 日，苏联也在莫斯科建立广播电台，它是当时世界上功率最强的广播电台。英国伦敦在 1922 年 11 月 14 日创办了 ZLO 广播站。

中国的第一座电台建立于 1923 年 1 月，需要指出的是，这座电台是在美国的帮助下建立的。哈尔滨广播电台的建立，标志着中国拥有了自办的广播电台，时间为 1926 年。同年，日本成立 NHK 广播协会。

从 1923—1924 年，加拿大、新西兰、印度和澳大利亚也先后建立自己的无线电广播电台。

20 世纪 30 至 40 年代，无线电广播快速发展。1933 年，美国的罗斯福总统接受美国广播公司、哥伦比亚广播公司和公共广播公司的录音采访。罗斯福的这种谈话被称为"炉边谈话"。在总统任期内，罗斯福一共进行了 30 多次炉边谈话。第二次世界大战期间，英国首相丘吉尔也通过无线电广播进行演说，鼓励英国坚持到底，要不惜一切代价保卫英国的领土。

据德国统计，BBC 德语广播的听众，1940 年为 100 万人，到 1944 年这一数据已经达到 1000 万~1500 万人。截至第二次世界大战结束，无线电广播的播音从业人员已经达到 11500 多人。

20 世纪 90 年代以后，随着信息技术的革命，广播事业迎来了飞跃性的发展，传统的模拟广播开始向数字音频广播过渡。第一次使用数字音频的国家是英国，时间为 1995 年 9 月 27 日。

第二节　广播的传播特征

一、广播的社会功能

广播是信息的传播者和信息的接受者的两方交互。

作为信息的接受者，人类天然有其需求。马斯洛的需求层次理论认为人天生有一些需求，即自我实现的需要、尊严的需要、归属感和爱的需要、安全的需要以及生理的需要。[①] 从这一理论出发，人们通过广播大致要满足四种需求，分别是排解情绪、人际关系、确认自我、监视环境。

信息接受者的需求，构成了广播的社会功能。

首先，广播有播放新闻的社会功能。受众希望通过广播了解到国内外的时事，如国际形势、自然灾害、交通情况等，并通过对外界信息的

---

① 陈琦，刘儒德. 当代教育心理学［M］. 北京：北京师范大学出版社，2009.

感知，达到监视环境的目的。例如，由于我国正处在城市化进程当中，许多人在大城市打工，每年春节又要回到家乡，所以非常希望关注到交通信息，如公路的交通信息、铁路的交通信息等。2008 年 5 月 12 日，汶川发生了 8.0 级大地震，给当地人们的生命和财产造成了巨大损失，听众需要通过广播了解到灾害的及时信息。

其次，广播有传授知识的社会功能。例如，很多电台都有科普节目和一些军事节目。通过这些节目，听众可以了解一些科学知识以及一些军事知识。

再次，广播有娱乐的社会功能。通过一些娱乐节目，听众可以放松身心，并满足自己的情感需求。娱乐类的节目非常广泛，如音乐节目，情感节目，相声评书等。这些节目可以在很大程度上为观众排解情绪，确认自我。中央人民广播电台中国之声有一档情感类节目，叫《千里共良宵》，自 2004 年开播以来，深受中青年的喜爱。这档节目追求温馨、浪漫的风格，内容涵盖亲情、爱情、友情、婚姻以及家庭等，通过讲述这些内容，让听众得以抒发情感，获得人生感悟。

最后，广播有提供服务的社会功能。一些有针对性的广播节目通过和听众的互动，能解决听众的一些切身问题。例如，各大城市广播电台实时路况信息的播报，可以让出行的人以及出租车司机及时了解路况信息，避开交通拥堵。如果出现交通事故，也可以及时进行救援。

二、影响广播传播效果的因素

决定广播传播效果的因素，起码应该包括传播内容、传播方式、负责传播的人。

广播的传播面对的是听众，所以传播的有效性应该从听众的需求出发。

广播的传播内容应该文字简单，概念明确，要求和听众产生共鸣，激发行动。广播是通过声音传播的，这就要求在听觉上，必须让人们感受愉悦，不能让人们感觉含糊不清，需要费力去理解。所以，广播稿必

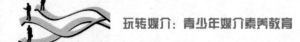

须口语化和通俗化，就像人们日常交流那样，不能太过于书面化。在文字的编排上，要多用短句，少用长句，有些在书本或报纸上适用的句子，在广播里未必同样适用。例如，在广播内容里，"马上"可能比"立即"更适合，"地处"应该改成"位置在"等。另外，有些标点符号必须用文字表达出来。在纸张上，有些词语可以加上引号来表示相反的意思，但在广播的播放过程中听众则听不出来，如"这就是××的'慈善事业'"，在广播中应该在"慈善事业"前加上"所谓"二字以突出相反的意思。

在新闻的传播方面，应该保证新闻的及时性、客观性和高质量。一则新闻如果是几天以前发生的，听众如果已经通过其他渠道了解，便不会有太大的冲击性。在时间的交代上，应该是"几点""几分""几秒"，而不是"昨天"或者"今天"。此外，还应该保证只陈述事实，不包含观点，并且不能忽略重要的事实。新闻的内容必须保证高质量，高质量的信息是指经过科学的选择和精心处理、与人们生活息息相关、有很大社会影响的信息。

音乐也是广播内容的组成部分。广播当中的音乐一般包括专门的音乐和背景音乐。专门的音乐是指为了满足听众情感需求和审美需求而播放的音乐，如流行歌曲、古典音乐等；背景音乐则是指为了配合节目内容、烘托气氛而播放的音乐。音乐和音响可以起到渲染与烘托气氛的作用，让听众的感受更加深刻。

同时，广播应该在传播方式上多元化。在无线电广播兴起之初，收听广播的方式非常单一，大多只能够从收音机上收听。但随着网络时代的到来，收听广播的设备多样，除了仍然存在的收音机之外，还多了许多网络设备，如平板电脑、手机等。对于这些广播的收听终端，应该应用好。

负责传播的人同样至关重要。广播是通过声音传播的，声音质量的高低直接影响广播的传播效果。也可以说，广播主持人在很大程度上决定了广播的传播质量。因此，对广播主持人必须有声音方面的要求。首先，广播主持人的声音本身要动听，要能够给听众带来美的享受，在表达上要字正腔圆，清晰准确，平实明朗，这样听众听了才会舒服。其次，广播主持人自身应该有比较高的素质，需要拥有丰富的知识储备和自己的主持风格。收听广播的人，潜在地希望自己能够获得更多的知识，开阔视野，因此广播主持人如果本身就有丰富的知识储备，必然会让听众感受美好。主持风格也是人格魅力的一种体现，好的主持风格会让听众产生一种认同感。

三、广播的优势与不足

广播的优势与不足比较明显。广播有三方面的优势：一是制作成本低，二是接收方便，三是自身的独特性。同时，广播也有明显的不足，这种不足包括两个方面：第一，元素单一，不容易对听众产生深刻影响；第二，吸引力相对不够。

与电视等其他形式的媒体相比，广播的制作成本相对低廉。首先，广播只以声音为媒介，不需要太多其他的配套设施，仅仅对主持人有较高要求。而其他媒体，以电视为例，不仅需要考虑声音，还需要考虑到图像，这必然提高制作成本。因为有较高的制作成本，制作起来也相对不易。其次，听众想获取广播信息也比较容易。广播在很长一段时间内是主流的宣传方式，有着非常广泛的收听基础，并且主要的收听工具是价格较为便宜的收音机。

广播只和声音有关，只对听众的听觉条件有要求。同电视等其他媒体不同，广播不需要用到受众的视觉，这意味着受众能在很多环境下获取广播信息，如开车、跑步、旅行等；而且广播没有时间和光线的要求，白天可以听，晚上可以听，在有光线的环境下可以听，在没有光线的环境下也可以听，是名副其实的"随身听"。电视则不同，它需要受众的视觉也高度集中，因此不能"一心二用"。广播信息的传播方式也为广播提供了优势。广播只依赖声音传播，这让它只需要一个播放点，就可以覆盖范围内的所有听众。

此外，广播有着自己不可替代的地位。这种不可替代的地位是其本

身的优势所赋予的。因为广播的收听成本低，人们始终愿意通过广播去获取信息，满足自己的需求；而且广播接收环境便捷，人们愿意通过它去获取信息。当人们既想获取信息，但又不得不同时做其他事情的时候，就很愿意通过广播获取信息。当人们不愿意或者不想用眼睛的时候，也可以通过广播去获取信息，以满足自己的需求。这些特点或优势，决定了就算经过很长时间，广播仍然具有其不可替代性。

当然，广播的不足也同样明显。

广播只需要动用听觉这一特点，为广播信息的接收提供了方便，但也决定了它的传播元素比较单一。人们获取信息主要是依靠听觉或者视觉，但广播只能调动人们的听觉，无法调动人们的视觉，这让它在感染力上相对不足。在这一点上，电视更有优势，因为电视既有图像，也有声音，还有传播者的相貌及表情，能让人们产生更深刻的印象。

上述不足决定了广播在吸引力上相对不足。同时接收到声音和图像，会让听觉和视觉都受到刺激，使人们的感受更强烈。这一特点，也给广播的内容创造带来局限性。在广播内容的制作上，能够发力的只有广播稿的内容和主持人的声音。所以，当人们希望接收的信息更加丰富的时候，会更愿意选择视觉和听觉兼具的信息传播方式，而不是单一的视觉或者单一的听觉。

第三节　广播与生活

一、广播的发展趋势

1978 年美国麻省理工学院学者尼葛洛庞蒂提出"媒介融合"理论，用一个图例演示了三个相互交叉的圆环趋于重叠的融合过程，表达出他对于计算机产业、出版印刷产业和广播电影产业即将和正在趋于融合的预见与判断。1983 年，同样是来自麻省理工学院的一名政治学教授——

普尔将"融合"视作媒体工业的变革力量，认为模式的融合模糊了媒介之间的界限，包括点对点传播（如邮政、电话和电报）与大众传播（如印刷、广播和电视）的界限。今天，伴随着网络与数字技术的发展，媒介间的融合已逐步实现。从 20 世纪 90 年代"报网融合"的出现，到近几年"台网融合"的加强，再到如今的广播电视网、互联网和电信网三网融合的推进，媒介融合正在从理论走向实践，成为当今媒介发展的主流趋势和重要表现。①

媒介融合环境下，传统媒体也在与时俱进，出现了许多新变化。报纸有了手机报和网络电子版；电视可以在网络上同步观看，也可以在播出后随时点播收看；传统广播也与互联网结合，出现了网络广播。网络广播有两种形态：一是广播节目的在线直播和点播；二是专门的网络电台，如依托中央人民广播电台和中国广播网创办的网络电台——银河台，实现了 24 小时网上播出，可通过互联网和手机两种方式收听和点播。有研究者结合广播与新媒体的融合过程，提出了以下三种融合形式：一是"播客"广播，以播客为平台进行信息传播的广播媒介，是一种小众化"草根媒体"的广播形式，每个人既是传播者又是受众；二是数字音频广播，基于数字技术是继中波、调频广播后的第三代广播，播出质量可以达到 CD 音质，同时具有很强的移动接收能力；三是移动广播，以收音机以外的载体进行传播的广播形式，如地铁、公交、出租车等交通工具的车载广播，手机、MP3、MP4 等随身携带的广播载体。

根据中国广视索福瑞媒介研究（CSM）和中国电信传播研究中心 2009 年发布的《中国广播电视网站研究报告》，全国共有广播电视网站 397 家，其中广播电台网站 131 家，广播电视综合网站 104 家，有 167 套广播频率实现了网上直播。传统广播与网络等新媒体实现了内容融合，如中国广播网每天与中国之声实时同步图文视频直播 15.5 小时；北京广播网开放传统音频广播演播室，全天候进行网络视频直播；河南人民广

---

① 申启武. 褚俊杰，媒介融合背景下广播的发展趋势［J］. 传媒，2011（6）：15 – 17.

播电台与新浪网合办新浪河南网，探索了一条商业门户网站海量内容、跨国品牌与传统广播电台本地化深层次合作的新路。2010年8月，中央人民广播电台正式获得国家广播电影电视总局批准，建立"央广广播电视网络台"，成为以网络视听节目传播及互动服务为核心的跨网络、跨终端、全媒体的新媒体播出机构；中央电台还推出有声手机报——《新闻与报纸摘要》、手机广播及电视业务。广播以多元化的形式满足了广播网用户对多形态信息传播的接收需求。

二、广播与我们

（一）广播与政治生活

在广播的传播与政治生活之间，政治对广播起着决定作用，广播对政治必然存在反作用。从历史角度分析，无论何种大众传媒工具的诞生都有其特定的现实社会发展和政治发展的背景，是在一定的社会环境，包括政治环境的需要中应运而生的。如广播的发明及运用是大工业和信息技术发展的结果，是资本主义快速发展的产物，是社会生产力水平高度发展的标志，而广播事业的兴起最直接、最根本的动因是社会生活的需要，是当时社会政治和思想诸方面的需要。同时，政治通过法律约束、机构辖制和利益集团影响等途径规范与限制广播电视传播的内容——对广播进行行政管理。如在国内，广播是党的"喉舌"，是国家重要的宣传工具，理所当然是为政治服务的，党的政策和思想路线通过广播传给人们，因此必须要对传播内容进行限制和规范，防止其传播分裂思想或其他负面信息，以维护社会的安定。

广播对政治生活的影响也随之产生。作为政治生活信息沟通的重要手段和工具，广播传播影响了政治行为的方式，影响了政治中的各个参与者。广播传媒自身的特点使广播在一定程度上发挥着政治的功能。

广播与政治生活的相互关系主要表现在以下两个方面。

1. 政治生活对广播具有决定性和指导性作用

广播在人类的政治活动进入一定阶段后出现，政治生活对广播的影响既有决定性的一面，也有指导性的一面。

首先，体现在新闻播报的政治性和阶级归属上。一个国家的政治制度和统治阶级立场对广播传播媒体具有决定性和强制性的作用。这种影响的决定性和强制性作用主要通过统治阶级制定法律和设立政府机构，进行约束与管辖来实现。同时，一个社会的广播传播媒体机构会产生维护社会制度的自觉性，否则它们的合法性就会受到威胁。

其次，政治生活对广播传播的发展水平具有决定性影响。如果没有有秩序的政治生活环境，广播会受到不稳定政治生活环境带来的经济衰退影响。马克思曾说："经济基础决定上层建筑。"作为意识形态工具的广播是上层建筑的组成部分，它由经济基础所决定。在经济衰退影响下，广播对投资的吸引力会降低，广播的自主权也会受到干扰和破坏。

最后，广播报道的内容多是政治生活的新闻，说明了政治生活是广播的重要消息来源和播报内容。

2. 广播对政治生活具有能动性作用

首先，广播传播通过自己在沟通信息、传递情况上的独特影响与作用，可成为政治生活的重要手段和工具，这使得现代政治生活有时在某种程度上不得不借助广播电视。例如美国大选，1980年10月20日，美国总统候选人里根和卡特对阵的都是辩论，里根作为8年的电视节目主持人，深知广播电视对政治的影响，知道怎么利用大众传媒获得选票，正因为对大众媒体的利用，里根才以巨大优势竞选成功。

其次，广播必须在一定程度上反映公众意见和呼声，具有一定公众立场，这使得广播传播在整体上可以和阶级、党派保持一定的距离，并不完全和政治生活融为一体。在这个距离存在的基础上，广播传播可以通过监督作用发挥自己对政治生活的能动作用，并起到一定程度的制约和限制作用。以日本的利库路德事件为例，利库路德公司通过行贿政府、议会官员而获得巨大的商业利益。案发后，广播的有效报道和监督使大众对部分政府工作者极为不满，公众强烈要求严肃处理此案。日本政府接到反馈后，对比极大重视，逮捕行贿及受贿者多人，部长级官员也未

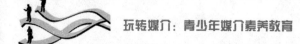

能幸免。随着案件的进一步曝光和深化，首相竹下登也被迫引咎辞职。由此可见，当广播成为监督政治行为者的镜子之时，照镜子的人就不得不考虑自己在镜子里的形象。①

最后，在社会政治经济矛盾激化的条件下，广播可以通过自己的影响力成为新的政治活动出现的导火线和鼓动者，并在一定时刻发挥关键作用。如列宁借助广播电视帮助自己夺取政权。此外，在对政治生活施加影响和作用的同时，广播电视也会出现一定程度的负面影响：

（1）阻碍人际间正常交往活动。

（2）造成人智能发展的缺失和迟滞。

（3）对民族之间固有文化差别的消灭。

（4）广播媒体通过封锁报道和部分事实，传播谎言和淫言等形成的错误判断，误导听众，导致失误的舆论导向。

（二）广播与经济生活

生活在信息化的时代，想必大家也感觉到了信息对社会经济的重要性，而对于作为信息产业的重要部门的广播，我们不难想象出它对社会经济发展的重要性，所以有必要经营好这个产业，这样不但可以提高经济效益，还可以使广播电视这个产业充满生机。要经营好广播这个产业，重点要经营好以下几个方面。

1. 节目经营

广播的产品都是以节目的形式表现出来的，广播电台播出节目就是从事这种产品的经营活动之一，但不是随便什么节目都可以，正如商品一样，只有质量高的节目才能拥有忠诚的受众群。其中，形成自己的节目品牌、栏目品牌非常重要，品牌的价值早已被社会各界所认同，谁的节目品牌价值高，谁就会在激烈的市场竞争中取胜，然后拥有一批忠实的受众群，这样才能吸引广告商的资金投入，从而形成品牌节目的良性循环。

---

① 李新社. 别拿微博不当电子政务 ［J］. 中国信息化，2011（16）：7.

2. 广告经营

广告经营目前仍是广播经营的重点，也是增加广播部门经济收入的主要途径。对广播来说，所谓广告经营，就是以广告播出时间作为经营资本。价格是同覆盖范围和收视率及收听率成正比的，所以广播广告经营的重点是提高收听率，只要收听率提高，就会有广告商来投资，进而提高广告经营的效益。

3. 信息经营

作为信息产业的主要部门，经营信息是广播电视的优势和主内容之一。信息的广泛性也扩展了经营范围，如金融、科技、国际新闻信息等。通过对各类信息的经营，可以促进信息尽快地转化为社会生产力和社会财富。

4. 技术经营

因为广播是建立在现代电子科学技术基础上的信息产业，所以它拥有现代最先进的电子技术设备和掌握这些技术设备的人才。这样，广播电视既可以用现代电子技术武装自身，又可以进行技术贸易和广播电视技术设备贸易，同时还可以利用技术优势扩大技术服务业务。

当然经济对广播电视也有着重要的影响。作为上层建筑之一的广播，必定会受到经济的影响。首先，经济"生产"并"壮大"了广播。在工业革命席卷全球的时候，也就是生产力大力发展的时候，人们在 20 世纪初发明了广播，其在短短几十年内发展成为具有规模的新兴产业，然后逐渐渗透到政治、文化等领域。其次，经济把广播推向了全球。经济的全球化，带来了商品全球化。广播作为一种产业，当然也随着各国经济间的合作和贸易，被推广到全世界，这才有了今天的广播电视在全球的繁荣发展。

当然，经济不景气或是出现经济泡沫也会影响广播的发展。以由美国次货危机引发的金融危机给广播带来的负面影响为例。因为无论是美国这样的发达国家还是一些发展中的国家，它们的广播运营模式大体相同，即在市场经济条件下以广告收益为主，其他经营路子为辅。因此，金融危机一旦使经济低迷，企业必将受损，投入广播的广告也将减少，广播产业相应受损，这是两者的基本关系。这给广播电视的发展带来巨大的冲击，同时也给全球许多广播公司带来巨大的挑战，有些小规模的公司因此破产倒闭。可见，经济在广播的发展中有着举足轻重的地位。

（三）广播与文化生活

在文化全球化时代，人们足不出户便可以了解世界各国的文化。每天当人们打开广播时，就是在接收文化和吸收文化，就是在进行文化的传播。可见，广播作为文化载体无时无刻不在影响人们的生活。

广播对文化的影响是重大而深远的。首先，它延续和传播文化。文化作为人类劳动的结晶，是社会的精神财富，通过广播可以将之延续下去，加上广播的传播方式——点对面，可以更大范围传播文化。其次，在广播的作用下，世界多种文化碰撞融合成了新文化，不过新文化并不是都比传统的优秀，所以要进行取舍，要奉行"取其精华，去其糟粕"的原则。最后，广播传播使文化传统在历史长河中得到积淀，在广大的受众中获得社会的认同，形成民族传统文化的深厚底蕴。如电视纪实频道对中华民族古文明的记录报道，不仅可以凝聚广大民众的民族精神，也可以为大众打开了解古代文明、珍惜传统文化的窗口。[①] 另外，广播对文化也存在一些负面影响。

1. 文化世俗化、大众化

广播在传播优秀文化、高雅文化的同时，也面临着使精英文化走向大众化、世俗化的窘境。由于广播的普及性和其背后的连带效益（如广告收益），节目的世俗化已不可避免，再加上大多受众文化水平的限制，为了提高收听率，有些广播只能把一些高雅文化变成浅显易懂的世俗文化。

2. "快餐文化"的后遗症

"快餐文化"以浓缩的内容通过便捷的形式灌入人们的脑海。这种方式虽然可以使人们在短时间对一些文化有初步的印象与认识，但如果要深层了解，这种方式便行不通了。习惯了"快餐文化"的人们，久而久

---

① 吕占兵. 在丰富群众精神文化生活中实现地市广播腾飞 [J]. 新闻天地月刊, 2011 (9): 71 – 72.

之便失去了研究本质、了解现象背后深层问题的能力，导致思维的简单化与平面化。虽然"快餐文化"会弱化人们的思维，但在快节奏生活中，也由不得人们静下来思考，所以其也有一定的适用性。

3. "反文化"的传播

"反文化"就是指一些糟粕文化，如暴力、色情等内容。虽然政府会对广播进行管理，但其传播的快速性往往导致未及审核，一些"反文化"内容就已随广播电视进行传播了，危害社会，尤其是青少年。此外，文化和政治、经济一样对广播电视也有着重要影响。

首先，文化为广播提供了生存与发展空间。因为文化形态决定了广播的内容和形式，每个地区都有自己的文化特色，这些鲜明的文化个性正是广播得以生存并发展的重要因素之一。由此可见，文化作为广播的土壤，对广播起着至关重要的作用。

其次，文化作为千百代人留下的历史遗产，是人们正在不断创造的精神财富，是最广阔、最丰富的信息源，广播的节目都离不开文化。所以文化给广播提供了巨大的发展空间，同时也丰富了文化内涵，增强了文化生存能力。显然，广播在社会发展中体现出了自己的价值。虽然还存在许多问题，但它对现代人生活的影响和作用是不言而喻的，广播的前景将是一片光明。所以我们应管理好广播产业，减少或消除潜在问题，创造更多的社会价值。

温故知新

1. 简述广播的历史发展。
2. 简述广播传播能力的基本特征。
3. 简述广播的优势与不足。
4. 简述广播对日常生活的影响。

第六章　电　视

第一节　走近电视

一、电视的历史发展

第一台电视机诞生于 1925 年，它的发明者是英国工程师约翰·贝尔德。

约翰·贝尔德曾就职于一家电气公司，因为身体原因，他后来不得不辞职。辞职后，受马可尼无线电发明的启示，他有意"用电传送图像"。1925 年，他实现了自己的愿望。在此之前，德国电气工程师尼普科夫于 1883 年用自己发明的"尼普科夫圆盘"做了首次发射图像的试验，英国肯培尔·斯文顿以及俄国罗申克夫于 1908 年提出了电子扫描原理，美籍苏联人维拉蒂米尔·斯福罗金于 1923 年发明了电子扫描式显像管。这些人的成果为约翰·贝尔德发明电视创造了条件，可以说约翰·贝尔德发明电视是站在前人的肩膀上的。不过，约翰·贝尔德发明的电视还只是电视的雏形，并不是很成熟。他发明的电视只是在一个黑盒子里放映图像，在放映过程中，画面模糊，而且噪声很大。但即便如此，他仍然是公认的电视的发明者。

最初，电视声音和图像并不能同时传播。1926 年 1 月 27 日，约翰·

贝尔德向伦敦皇家学院的院士展示了被他命名为"电视"的通过无线电传播图像的机器，这次展示只是图像的传播。直到 1930 年，电视的图像和声音同步传播才得以实现。

在此之后，电视的性能不断得到完善。1931 年，美国人费罗·法恩斯沃斯发明了 25 帧/秒的电子管电视装置。1936 年，首次播放清晰度较高，自此开始进入实用阶段的电视图像，这次播放采用的是约翰·贝尔德的机电式电视。

1939 年，第一台黑白电视诞生，其发明者是美国通用电气公司。在 1939 年的 4 月 30 日，美国总统富兰克林·罗斯福通过电视在纽约市的弗拉辛广场，发表纽约世博会开幕演讲。第二次世界大战爆发前，英国已经有大约两万个家庭拥有电视。同时，德国、法国和意大利也先后有了电视。中国的第一台电视机诞生于 1958 年，并在同年建立了相关的电视工业。

1940 年，美国研制出机电式的彩色电视系统，其研制者为古尔马。不久后，美国率先诞生第一台彩色电视，但彩色电视能够播放是在 1954 年，这也让美国成为第一个播放彩色电视节目的国家。日本的彩色电视播放实现于 1972 年，中国于 1973 年开始播放彩色电视。

1964 年，美国发射了"同步静止卫星"，此后电视开始实现越洋播放，开始打破地区和国家的限制。

在彩色电视问世以后，电视开始走进千家万户，进入高速发展时期。1981 年，日本索尼公司生产出袖珍型黑白电视，电视屏幕宽 2.5 英寸。1984 年，日本松下公司推出大屏幕液晶电视，这款电视屏幕宽 3.6 米，高 4.62 米，可以在广场、街区等地方播放。

20 世纪 80 年代后，电视的性能开始不断得到提高。日本索尼公司率先大幅度提高了电视的清晰度。1991 年，索尼研制出扫描线为 1125 条的高清电视，像素也从一开始的 28 万个增加到 127 万个。2008 年，我国第一台等离子电视机问世。

二、电视的分类

（1）按照图像的差别来分，电视可以分为黑白电视和彩色电视。黑

白电视指屏幕上只显示黑白两种颜色，根据明暗的调节在屏幕上形成不同强度的电平，从而形成图像的差别。相较于黑白电视，彩色电视的成像较为复杂。它必须具备一些彩色成像的条件，如具备彩色的三要素，即亮度、色调和色饱和度。亮度指彩色光作用于人眼引起的明暗感觉，色调指彩色电视的三原色，即红、绿、蓝，色饱和度指颜色的深浅程度。彩色电视的成像，是将红、绿、蓝三种颜色按一定的比例混合实现的。

（2）按屏幕大小来分，较为常见的有 14 英寸、17 英寸的黑白电视，以及 14 英寸、18 英寸、21 英寸、22 英寸的彩色电视。但严格来说，电视屏幕的大小可以根据需求自主选择。

（3）按接收方式来分，电视可以分为有线电视和卫星电视。有线电视是指应用光纤和电缆作为传播媒介，将电视信号送到终端电视机的传播系统。无线电视是指一方将电视信号传输到装有转发器的卫星上，然后传输到另一方装有信号接收器的终端，再连接到电视机上成像的传播方式。通常来说，有线电视的信号、图像清晰度都要比卫星电视好。

（4）按控制电视的方式来分，电视可以分为遥控电视和非遥控电视。在遥控电视出现之前，电视频道的转换都需要进行机械操作。基本上，黑白电视都是要通过机械操作换台的。我们曾经使用过的黑白电视机，上面都有一个用于换台的按钮，每当我们要换频道时，都需要用手旋转换台的按钮。

（5）按成像原理来分，电视可以分为阴极射线管电视、液晶电视、等离子电视及有机电致发光体电视。阴极射线管电视指的是传统的显像管电视，其出现的时间最早，使用最为广泛，我们曾经使用的黑白电视就属于这种类型。所谓液晶电视，指的是电视的屏幕是用一种介于固态和液态之间的物质来实现信号成像的电视。液晶显示屏在日常生活中应用非常广泛，许多电脑用的也是液晶显示屏。等离子电视是指在两块玻璃板中间注入混合气体，然后通过一些技术点显示器成像的电视。这种电视拥有分辨率高、色彩丰富等优点。有机电致发光体电视应用较少，它的主要优点是可以实现软屏播放，被广泛用于墙纸电视、可穿戴显示设备。

第二节 电视节目的发展

一、法制类电视节目的发展

法制类电视节目在整个电视传播中有着重要的地位和作用。

（一）法制类电视节目的特点与发展空间

法制类电视节目具有充分展现法制事件现场、讲好故事、注重新闻性和时效性的特点。

同时，法制类电视节目从寻找感动、关注具有超前性及突破性的法律规定的出台、主持人走出演播室这三个方面拓展发展空间。[①]

（二）国外法制类电视节目的发展经验

国外法制类电视节目比较全面地体现了其电视传媒的发展模式。其法制类电视节目主要分为三类：第一类是新闻综合栏目，法制新闻事件几乎是各档新闻综合栏目最主要的报道内容。第二类是法制专题栏目，国外有专门的法制专题栏目，甚至是专门的法制频道制作播出关于犯罪探案的专题节目，节目更强调关于犯罪、刑侦科学和法庭科学的纪实追踪历程。第三类是根据真实内容改编的电视系列剧或称栏目剧，如《犯罪现场调查》《法律与秩序》等，节目有真实原型，但更强调剧本改编和演员。

（三）法制类电视节目未来发展的载体

法制专题栏目中，依托上述三种载体中的法制节目必然呈现不同的取向、不同的主题和不同的效果。新闻综合栏目的法制节目更能及时发布动态，其比例取决于栏目定位。法律教化栏目的法制节目则继续为国

---

① 时统宇，法制类电视节目创新创优的几个问题——以央视《法治在线》栏目为例，中国广播电视学刊，2004，（05）：47-49.

情服务，普及生动的知识性故事，不断提高的受众需求可能会促使其增加娱乐性。法制专题栏目中的法制节目，则面临两者的夹击以及警察剧的逼迫。论新闻性，它不及新闻综合栏目；论服务性，它不及法律教化栏目；论娱乐性和故事性，它不及警匪剧，但它有一个独特的优势，即真实的故事。人们需要虚构的娱乐，同样也需要真实的故事。

二、方言类电视节目的发展

近年来，随着我国电视传媒业改革的不断深入，各类型频道的大量开播，电视媒体的竞争日益加剧，而我国既有的这种中央、省、市各级电视台在城市交叉覆盖的电视体制，更加重了地方电视台的生存压力。为打破这种困局，一些地方电视台纷纷在节目的个性化、本土化方面进行改造。于是，方言类电视节目在很短的时间内呈现勃兴之势，一度成为电视台收视新的增长点。

（一）方言类电视节目发展的原因

竞争压力促使地方电视台定位本土，聚焦小众，走特色化发展之路，而方言无疑是最能体现地域特色的文化元素。把方言巧妙地与相应的电视节目形态相结合首先容易获得本地受众的文化归属感和认同感，满足他们的心理和审美享受，从而有利于培养固定的观众群。

方言类电视节目视角平民化，内容生活化，表现形式多样化，在接近性和亲和力上有着其他普通话节目难以比拟的优势。方言类电视节目的内容大都来自百姓日常生活的所见所闻，讲的是市井百态，家长里短，再加上方言类节目的主持人把表演、说唱、小品等多种艺术形式的表现手法融入到自己的主持风格当中，让观众感觉就像在和邻居聊天，有一种鲜活的亲和力。[①]

（二）方言类电视节目发展的问题

第一，电视台的决策者要明确方言类节目的对内、对外发展定位，

---

① 王培. 方言类电视节目的生存与发展 [J]. 现代传播，2006（3）：143－145.

对内即在电视台内众节目中的定位，对外即在整个电视节目市场上的定位。方言类节目对内要求精，不求多，对外要重守业而不重扩土。

第二，内容为王，形式制胜。一些已经获得成功的方言类电视节目在总结自己的成功经验时，并不是将其都归功于方言。贴近老百姓生活的内容题材、新颖独特的节目形式、注重受众的参与和互动等多种因素的结合才能成就一个优秀的方言节目。

第三，方言类电视节目虽然只针对相应的受众群体，但毕竟还是一种开放的、面向社会的大众传播。因此，方言类电视节目在传承区域文化、彰显乡土文化特色的同时，要注意摒弃方言中一些粗俗、不健康的表达方式，以免使整个节目的格调庸俗化。

方言在电视节目的运用中应注意以下几点：一是要使用传播区域内人们广泛使用和普遍接受的方言用语，也就是带有区域性的"普通话"；二是要尽可能多地使用方言中的典型用语和具有幽默调侃性的语言。使用这些典型方言，能够突出体现方言的鲜明特色，为节目增加娱乐性成分；三是在运用方言的同时要做好普通话字幕，既能有效地帮助观众理解方言，又能担负起媒体推广普通话的重要职责。①

三、情感类电视节目的发展

在人类社会发展的不同阶段，公众都会有一定的精神需求，也存在相互理解和交流的可能性。现代社会的人际关系相对疏远，而大众传媒往往在不同程度上承担着满足公众精神及情感需求的功能。电视媒体一经产生，就始终把社会主体的精神与情感生活作为自己的表现内容，并将公众的此类需求作为一种市场增长点而不断加以开发。情感类节目就是在这一需求基础上产生和发展起来的。②

---

① 崔春泽，杨迎春. 谈方言在我国电视节目娱乐化进程中的应用 [J]. 齐齐哈尔大学学报，2009（3）：118-120.

② 范愉. 社会转型与公众精神需求——谈情感类电视节目的功能与规范 [J]. 现代传播，2004（6）：82-84.

（一）情感类电视节目的功能

情感类电视节目区别于那些宏大政治话语和时事新闻类节目，关注的都是普通人日常生活中的琐碎故事和平常情感，但却以小见大，折射出社会转型期间各种社会群体和阶层的不同生活状态、心态与一些普遍性的社会问题，通过媒体所特有的一些表现手段和技术，能够发挥多元化的社会功能，主要包括以下方面。第一，道德弘扬功能；第二，人文关怀、心灵抚慰和励志功能；第三，社会援助功能；第四，揭示社会问题、信息传播、交流、参与功能；第五，是娱乐功能。

（二）情感类电视节目的问题与规范

由于以真实的人物和事件作为基本素材，因此情感类节目的制作也不可避免地存在许多难题，像任何媒体手段和形式一样，如果不加节制，就可能出现逆转，以往此类教训并不鲜见。情感类节目最大的禁忌就是恶意炒作、媚俗与格调低下，对当事人隐私权的侵害，对未成年人和受害人的二次伤害，在介入当事人冲突时扩大或激化矛盾、制造轰动效果，对第三人的伤害等。因此，情感类节目的制作者应该严守职业道德，扬长避短、克服自身的局限性与弊端。至少应该恪守以下基本原则，并在此基础上形成行业内的行为规范和标准：节制原则、法制原则与社会公益原则、尊重当事人与善意原则、客观中立原则。

总之，情感类节目将继续在我国电视媒体中占有重要的地位，并具有广阔的发展空间。

四、真人秀类电视节目的发展

真人秀类电视节目是由制作者制定相应的游戏规则，普通人参与，在规定的情境中通过竞争达到明确的目的，并将全程以录制形式播出或对某些过程进行现场直播的电视节目。真人秀类电视节目从 2000 年荷兰的《老大哥》开始，现已成为全球范围内最受欢迎的电视节目形式之一。

我国最早的真人秀电视节目是 2000 年广东电视台的《生存大挑战》，

之后有《走进香格里拉》《完美假期》《夺宝奇兵》等。近年来，在借鉴真人秀电视节目的理念、手法和技巧的基础上，涌现出一批娱乐、竞技、游戏等方面的真人秀电视节目，如《超级女声》《梦想中国》《加油！好男儿》《舞林大会》《爸爸去哪儿》等，其中《爸爸去哪儿》更是取得了不俗的收视成绩。

（一）真人秀类电视节目发展的原因

使用与满足理论认为，许多受众在接收大众媒体传播信息之前，就已具有一个先入为主的愿望，这种愿望促使受众有选择地接收能够满足自己愿望的信息，也就是说传媒越能满足受众的需要，就越能吸引受众。真人秀电视节目除了满足受众娱乐心理之外，还满足了受众深层次的心理需求。这主要体现在追求真实感、满足好奇心与窥私欲、替代式参与、进行新时代的文化消费等几个方面。

（二）真人秀类电视节目制作的应对策略

真人秀类电视节目以娱乐性、互动性火爆电视荧屏的同时，由于文化背景差异、电视发展和制作水平等原因也暴露出一些问题。这不但成为真人秀类电视节目发展的"瓶颈"，而且对社会造成了不容忽视的影响。随着《超级女声》《梦想中国》等节目的停办，真人秀类电视节目制作者应该停下来进行反思，如何更好地汲取国外真人秀类电视节目的精髓，剔除文化背景差异的糟粕，使我国真人秀类电视节目更加健康向上、有益无害。

真人秀类电视节目制作者应充分了解受众心理，并从受众的心理需求出发，从疑惑真实与尊重真实、缺失人文与凸显人文、模仿复制与加强设置、片面主宰与全面参与、消费文化与引发思考这几个方面入手，根据我国经济和社会发展的实际情况来策划节目、制作节目、宣传节目，制作出高品位、符合本土观众口味的真人秀类电视节目。①

---

① 刘萍. 真人秀电视节目受众心理分析及应对策略［J］. 文化学刊，2010（3）：127-130.

第三节　电视节目与我们

一、影响受众选择电视节目的因素

影响受众选择电视节目的因素有内因和外因——受众收视的内部心理条件和外部客观环境两个方面。具体来看，内部心理条件主要包括受众的个性与生活方式及受此影响而形成的收视动机、对电视节目的态度与记忆等因素。外部客观环境主要是收视对象、收视情境等因素。

（一）受众的收视动机

受众有限的能力需要针对某些目标，而受众在多大程度上愿意尽力达到一个目标，反映了他们达到目标的基本动机。[①] 受众选择电视节目的动机是多样化的，并相互交错，相互制约，但是在某一个时期，受众对某些电视节目的偏爱与忠诚常常是一种动机居支配地位，其他动机起辅助作用。弗洛伊德的精神分析说认为，意识、潜意识和前意识是构成人精神的三个部分。意识是与直接感知有关的心理部分，潜意识则是人的原始冲动和各种本能以及由这些本能所产生的欲望，常常被压抑到意识阈限之下，是人的意识无法知觉的心理部分。前意识介于两者之间，是能从潜意识中召回的心理部分，也是人能够回忆起来的经验。根据这一理论，理解受众选择电视节目行为背后的动机，应当深入潜意识的层次。潜意识虽不能被电视机构直接感知与检测，但它总是在积极地活动，影响受众选择电视节目。

（二）受众的态度

受众的态度对电视节目选择的影响主要通过以下三个方面体现：一是影响受众对电视节目的判断与评价；二是影响受众的选择兴趣；三是

---

① 邵培仁. 传播学［M］. 北京：高等教育出版社，2000.

通过影响受众的选择意向，进而影响他们的收视行为。受众的态度是复杂的，常出现收视行为与态度不一致的情况，如一家人在一起看电视时，很多丈夫习惯和妻子在一起时把频道换到电视剧类的节目，而父母亲和小孩子在一起时更多的是换到儿童频道或儿童节目，但实际上这并不是他们真正的选择。受众往往通过态度来保护自我形象，免受焦虑和不安。例如，男人收看央视五套（体育频道）也许可以让他免受其他男人对他的关于体育无知的嘲笑。由于态度的存在，很多电视节目对于受众便具有特别的意义。节目的选择能够使受众向别人表达自己的核心价值观念，显示他们赞同什么，看重什么，或者笼统地说，表明自己是怎样的人。①

（三）受众的个性与生活方式

个体的个性对于受众是否更容易受参照群体的影响，是否更倾向于收视新创意的电视节目，是否对某些类型的电视节目信息更具有感受性等均有一定的预示作用。构成受众个性的某些心理特征不仅对电视节目选择产生影响，而且会影响受众参与电视节目反馈的积极程度。从深层次的心理上看，电视节目实际上是受众对自身个性的感知与确认。如电视节目的感性或理性，它所提供的信息特色是沉闷还是富有活力，是激进还是保守，都能使受众在个性中找到对应。

受众的生活方式是受众个性的外在表现和反映，它与个性既有联系又有区别。一方面，生活方式很大程度上受到个性的影响。个性保守的受众不大可能参与诸如跳伞、蹦极、丛林探险之类的活动，这也决定了他不大可能接触与这些活动相关的电视节目。另一方面，生活方式关心的是受众如何生活的外显行为，而个性则侧重从内部进行描述，更多地是反映个体思维、情感和知觉特征。

（四）受众的记忆

正如受众选择性记忆理论所揭示的那样，受众只记忆那些有意义、符合需要、对己有利和自己愿意记住的信息，并忽略或抑制那些无意义

---

① 刘新荣. 论受众的电视节目选择行为 [J]. 现代传播，2008（2）：161–162.

的、附加的、不利的和不愿意记住的信息。受众对电视节目的记忆要经历复述、编码、储存、提取四个环节。

复述是受众在内心对进入短时记忆的电视节目信息予以默诵或做进一步加工努力，一方面为保持电视节目信息在短时记忆中被激活，另一方面是将短时记忆中的电视节目信息转移到长时记忆中。编码在很大程度上决定着转换的时间以及电视节目信息在记忆中的存放位置。储存是指将业已编码的电视节目信息留存在受众的记忆中，以备必要时供检索之用。提取是将电视节目信息从长时记忆中抽取出来的过程，往往借助于各种外部线索才能完成完整的回忆任务。

（五）收视对象

收视对象——电视节目本身是影响受众收视选择的最直接因素。就节目内容而言，受众更喜欢收视那些自己感兴趣的、与自身生活和感情体验息息相关的内容与情节的电视剧。如很多人因为某个电视剧情节曲折、扣人心弦而和别人谈论；同时新闻、娱乐类节目也是他们青睐的重要对象。就节目形式而言，或活泼朴实、或清新婉约、或短小精悍、或绵长细腻，只要有特点，都会赢得受众的喜爱。就节目编排而言，受众常常会因为喜爱某一个节目而对其前后的节目甚至整个频道都有所关注。就节目主持人而言，大方得体的谈吐、优雅俊朗的外形，常常会为节目增色不少。

（六）收视情境

狭义的收视情境是指受众收视电视节目的具体场所；广义的收视情境则是指受众身处的政治、经济、社会、文化环境，如新闻人物、突发事件都可能成为某一时期的热点问题而被受众选择收看。情境因素与受众的态度改变也有很高的相关性。①

情境因素提醒我们，一个十分忙碌的受众较一个空闲的受众，或者

---

① 小查尔斯·W. 兰姆，小约瑟夫·F. 海尔. 营销学精要［M］. 王慧敏，译，北京：电子工业出版社，2003.

一个人杂、多的场合较一个人稀少的场合引起的注意迥然不同。如一个男孩子可能正独自观看一个女性美容节目，正好同学来访，为了维护他在学校里强悍的男子汉的形象，他就把这一节目换成体育或军事节目。实践中，应当区分受众为自己选择符合自我个性的电视节目和为他人选择符合他们个性的电视节目这两种行为。不能用受众为他人选择节目的行为来验证受众的电视节目偏好。

二、电视节目选择的过程

（一）明确问题

受众有收看节目的需求，才可能有选择行为。需求可能由内部刺激引起，也可能由外部刺激引起。当受众发现当前收看的电视节目与原有期望或理想中的状态不一致时，问题就得以认知。如果受众认为这些不一致程度不大，就认识不到新的问题。但是受众认为不一致程度很高时，就会产生寻找新的节目的需要，这样就能明确问题。

（二）信息搜寻

信息搜寻是受众有意识地激活记忆里所储存的知识或者在周围环境中获得电视节目信息的过程，这一过程可以在一定程度上消除电视节目选择的不确定性，以免浪费不必要的时间和精力。

（三）评价方案

受众会在信息收集的基础上对可供选择的电视节目进行分析和比较。他们常运用一些独特的规则进行评价。

（四）收视行为

受众在评价方案后，就会选择收视自认最理想的电视节目。收视行为一般取决于方案评价的结果。在收视意向形成之后，还有两类因素影响受众的电视节目选择，即情境因素与时间因素。在情境方面，如家庭成员的节目选择差别与只有一台电视机的限制。这种情境下，总有人做出"牺牲"。时间是受众的资源，时间的压力会影响他们的收视行为。

（五）收视后行为

收视之后，受众对电视节目是否满意将影响到他们以后的收视行为。满意，则继续收视并可能向他人宣传；不满意，则会减少收视并可能把这种不满情绪带给他人。所以，收视行为能否持续下去，与受众的收视体验有关。积极的体验使受众收视行为得以强化，消极的体验使受众放弃原有的选择或重新思考。①

温故知新

1. 简述电视的历史发展。

2. 简述电视节目的发展。

3. 简述影响受众选择电视节目的因素。

---

① 刘新荣. 论受众电视节目选择的影响因素、类型及过程［J］. 南京理工大学学报（社会科学版），2008（6）：93－97.

第七章 电 影

第一节 电影的历史演变

一、电影的发展

电影放映的理论基础，源于"视像暂留原理"，即当一个物体快速从眼前划过，物体的影像还会在视网膜上停留一段时间。这一现象是比利时物理学家约瑟夫·普拉多在 1829 年发现的。在这一基础上，他又在 1832 年发明了"诡盘"。诡盘是一种这样的装置：在锯齿形的硬纸盘上描绘图片，当硬纸盘运动起来，那些图片在视觉上会动起来，呈现出许多不同的影像。有了这一理论基础，美国人霍尔纳成功制作出"活动视盘"。再进一步，奥地利的冯乌却梯奥斯将幻灯加入活动视盘，于是最初的动画片在 1853 年放映。不过，这一动画片的放映还不能算真正的电影放映，因为它还不是连续摄影。

1888 年，法国生理学家马莱通过对照相机的改进，研制出了"固定底片连续摄影机"。这种摄影机也是现代摄影机的前身。在马莱发明的摄影机的基础上，法国的卢米埃尔兄弟又对其进行了改进，并于 1895 年 12 月 28 日用自己发明的摄影机放映了影片《火车到站》。《火车到站》的放映，标志着电影的诞生。此后，兄弟俩又播放了多部影片，如《工厂大

门》《水浇园丁》等。这些影片的播放时间普遍很短，并且没有涉及表演的艺术，仅仅是开始了对电影语言最初的探索。

从这时开始，一直到1930年，世界各国的电影快速发展。其中，美国、法国以及苏联最具有代表性。

大卫·格里菲斯是美国早期的电影导演，同时也是一名剧作家。1908年，他拍摄的首部影片《多莉历险记》上映。在此之后，他又拍摄了多部影片，不断地积累电影拍摄经验。1915年，他的巅峰作品《一个国家的诞生》上映，反响热烈，成为当时卖座率最高的电影之一。这部电影是美国电影史上第一部真正意义上的长电影，它的卖座改变了当时美国电影工业对电影短片的偏爱。在格里菲斯的手里，影片的基本单位逐渐从场景变为镜头，这让电影脱离戏剧，成为一门独立的艺术。也是从他开始，美国的电影中心逐渐转到好莱坞。

说到法国的电影，不得不说到演员、导演兼摄影师梅里埃。梅里埃在34岁立志从事电影事业。他自己花钱买来摄影机拍摄电影。在拍摄过程中，梅里埃开始注意运用艺术手法和摄影技巧表达自己的创作想法。他也是第一个运用停拍和再拍技术的人。他对电影的最大贡献是将戏剧引入电影，并且在电影的拍摄中运用戏剧艺术。

爱森斯坦和普多夫金对苏联电影产生过重要影响。两人都是当时苏联出色的导演、演员兼电影艺术理论家。其中，爱森斯坦还被奉为世界电影的先驱，他也是蒙太奇理论大师。蒙太奇理论是指一些同主题无关的影像可以对观众造成巨大的心理效果。在他的手里，电影的表现力和复杂性进入全新的高度。他的代表作有《战舰波将金号》《亚历山大·涅夫斯基》以及《伊凡雷帝》。普多夫金也是蒙太奇理论创始者之一，其通过《棋迷》《母亲》《圣彼得堡的末日》以及《成吉思汗的后代》等影片，奠定了自己在世界影坛的地位。

1930—1966年，电影艺术开始蓬勃发展，并且促进了电影文化的形成。这种发展和变化主要体现在三大电影文化区域的形成以及两大电影文化的运动上。三大电影文化区域是指以美国为代表的经济本位的电影文化，以苏联为代表的政治本位的电影文化，以及以法国为代表的艺术本位的电影文化。两大电影文化的运动是指意大利新现实主义运动以及法国新浪潮。

意大利新现实主义运动主要体现在长镜头的运用、实景拍摄、记录性、非职业演员的运用、结构形式以及地方方言的运用上。这一理念的代表影片主要有罗西里尼的《罗马，不设防的城市》、维斯康蒂的《大地在波动》、德·西卡的《偷自行车的人》以及德·桑蒂斯的《罗马十一点》。法国新浪潮主要表现在"新浪潮"和"左岸派"的竞争上，最终新浪潮成为主流。新浪潮追求电影的纪实性，强调以真实和诚恳获得观众认可，其主要特点是"非政治性"和对"传统道德观念的否定"。左岸派则是追求描写人物的内心，在创作上偏爱回忆、遗忘、记忆等意识的活动，代表作品有阿伦·雷乃的《广岛之恋》、亨利·高尔比的《长别离》以及阿兰·罗伯的《横跨欧洲的特别快车》等。

20世纪60年代末，世界电影开始进入多元交汇、综合发展时期。从这以后，各国的电影艺术意识觉醒，对电影艺术开始有自己独特的追求，三大电影文化区域的划分渐趋模糊。

（一）好莱坞电影的发展和变迁

20世纪30至50年代，是美国电影发展的黄金时期，世界性的电影产业中心好莱坞就诞生于这一时期。

好莱坞位于美国的洛杉矶，一开始它只是一座建造时间很晚的小城镇。大约在1910年，美国导演大卫·格里菲斯被派往美国西海岸拍电影。到洛杉矶后，基于一些实际考虑，他想找一块新地方专门用于电影的拍摄。最终，他找到了心目中理想的地方，这就是现在已经很有名的好莱坞。由于好莱坞的拍摄条件非常好，当时大量的电影从业人士被吸引过去，好莱坞也因此具备了后来发展繁荣的条件。

八大电影公司的入驻开始让好莱坞的电影事业飞速发展。它们分别是华纳兄弟公司、米高梅电影公司、派拉蒙影业公司、哥伦比亚影业公司、环球影业公司、联美电影公司、20世纪福克斯电影公司、迪士尼电

影公司。这些电影公司依靠自己雄厚的经济实力和高明的经济手段，建立了专门发行和放映自己影片的院线。

在这些电影公司的推动下，一系列优秀的电影应运而生。比较著名的影片有斯蒂芬·斯皮尔伯格导演的《辛德勒名单》《乱世佳人》《教父》《公民凯恩》《雨中曲》《绿野仙踪》《毕业生》《卡萨布兰卡》《阿拉伯的劳伦斯》《在江边》。这些电影制作精美，有着深刻的内涵，即便在今天也依然有旺盛的生命力。

好莱坞电影事业的快速发展也造就了一批耀眼的明星，如奥黛丽·赫本、伊丽莎白·泰勒、玛丽莲·梦露、马龙·白兰度、葛丽泰·嘉宝等。他们既富有人格魅力，又有精湛的表演技巧，为世人贡献了许多经典影片。例如，奥黛丽·赫本主演的《罗马假日》、马龙·白兰度主演的《教父》《欲望号街车》、玛丽莲·梦露主演的《热情似火》，都是公认的非常出色的影片。

好莱坞开启了类型片的先河。类型片是指出于商业的考虑，按照不同类型或者样式的要求进行电影拍摄，拍摄好的电影被认为是某一类型的影片。在早期，好莱坞的类型片主要有通过犯罪题材来反映一些社会现实的犯罪片、通过营造恐怖氛围和刺激视觉来满足观众需求的惊悚片、能让人身心愉悦的喜剧片以及以美国对西部蛮荒的开发为题材的西部片。比较有名的犯罪片和惊悚片如希区柯克导演的《蝴蝶梦》和《后窗》，喜剧片如比利·怀尔德导演的《热情似火》，西部片如约翰·福特导演的《关山飞渡》和弗雷德·金尼曼导演的《正午》等。不过，类型片虽然带来了商业利益，但也在某种程度上限制了艺术家的创作。

到了20世纪末，好莱坞的电影产业已经发展得非常成熟，呈现出一片欣欣向荣的姿态，涌现许多出色的导演、演员以及影片。詹姆斯·卡梅隆导演的《泰坦尼克号》被认为是永不过时的爱情电影的经典，获得了第70届奥斯卡金像奖的11项大奖和第55届金球奖的4项大奖，并且入选美国国会图书馆保护片目名单。斯蒂芬·斯皮尔伯格导演的《辛德勒名单》包揽了第66届奥斯卡金像奖的7项大奖和第51届金球奖的7项大奖。马特·达蒙、安吉丽娜·朱莉、汤姆·汉克斯等都是这一时期出色的演员。

（二）中国电影的发展

20世纪初，我国出现了第一部由中国人拍摄的影片，这就是由北京丰泰照相馆创办人任庆泰在1905年拍摄的、谭鑫培主演的《定军山》片段。

20世纪初至20世纪30年代，是中国电影发展的起步阶段。在这一时期，出现了像明星电影公司、大中华百合影片公司、神州影片公司、民新影片公司等第一批电影公司，像张石川、郑正秋等第一批导演，像胡蝶、阮玲玉等第一批演员，以及像《孤儿救祖记》《火烧红莲寺》《十字街头》等第一批电影。《孤儿救祖记》是一部社会问题片，涉及道德、教育和妇女等问题；《火烧红莲寺》是一部武侠片，这部影片在当时掀起了中国电影史上第一次武侠热；《十字街头》则是一部类型片。

电影的发展也造就了像胡蝶和阮玲玉这样的明星。在当时，她们可谓是红遍大江南北。胡蝶的代表作品有《歌女红牡丹》《姊妹花》《空谷兰》等。1933年，上海的《明星日报》举行了由上海市民投票评选"电影皇后"的活动，胡蝶以2万多票位居第一，成为名副其实的电影皇后。据说，当时的上海市民见面时问候语不再是"你吃了吗"，而是"你投票了吗"。阮玲玉的代表作品有《茶花女》和《故都春梦》，她也因为这两部影片在当时被大众追捧，后来只要是她出演的电影通常是万人空巷。她去世的时候，上海市有约30万市民到场吊唁，各方唁电和挽联不可胜数。

1931年，中国第一部有声电影《歌女红牡丹》诞生。从这时开始到1935年，中国电影基本从无声电影过渡到有声电影。

抗日战争爆发后，中国电影逐渐以抗日战争作为题材。这一时期比较有名的影片有《八百壮士》《保卫我们的土地》《胜利进行曲》《青年中国》《塞上风云》《还我故乡》等，也出现了第一部比较长的动画巨作——《铁扇公主》。

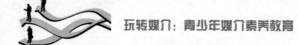

抗日战争结束后，中国电影继续发展。比较有名的影片有《一江春水向东流》《乌鸦与麻雀》《万家灯火》《松花江上》《小城之春》《还乡日记》等。这一时期电影的主题主要是从人与人之间的关系、从家庭、从国家的现状反映社会现实。

中华人民共和国成立之后，中国电影发展进入新时期。此时，工农生活和革命战争的题材被搬上银幕，这类电影的代表作有《白毛女》《新儿女英雄传》《我这一辈子》《桥》等。需要指出的是，这一时期的电影有较强的政治宣传目的。1956 年，在党中央"百花齐放、百家争鸣"口号的号召下，电影创作的热情空前高涨。《南征北战》《祝福》《鸡毛信》《渡江侦查记》等都是当时的优秀作品。

"文化大革命"时期，电影创作几乎处于停滞状态。

"文化大革命"结束后，电影事业进入新的发展时期。不仅是影片数量得到增长，从一开始年产几十部到年产 120 部，影片的艺术性也得到增强。例如，《黄土地》《红高粱》《秋菊打官司》《霸王别姬》等都是具有很强艺术性的电影。这些电影也奠定了张艺谋、陈凯歌等电影导演在电影界的地位。

二、电影节和电影奖项

电影节和同电影相关的各种奖项，是电影事业发展过程中的必然产物，其目的既是推动电影事业的发展，也是给予相关人员肯定和鼓励。

国际性的电影节，最为有名的有三个，分别是威尼斯电影节、柏林电影节、戛纳电影节。由于都位于欧洲，它们也被称为欧洲三大国际电影节。各大电影节举办的时候，也是全世界电影人的盛会。在电影节上，本年度优秀的电影、导演、演员会被展现出来并进行评选。所以，三大电影节上关于电影的信息，也是电影业发展的风向标。

威尼斯国际电影节创办于 1932 年，其目的是提高电影艺术水平。由于是世界上第一个电影节，也被称为"国际电影节之父"。威尼斯电影节的最高奖项是"金狮奖"，每年举办一次，时间为 8 月到 9 月之间，为期两周。在评判标准上，威尼斯电影节鼓励创新，强调艺术性，影片就算有瑕疵，只要有创新，仍然可能入选。在威尼斯电影节上获得金狮奖的华语影片有张艺谋的《秋菊打官司》和《一个都不能少》，李安的《断背山》和《色戒》，贾樟柯的《三峡好人》等。巩俐凭借《秋菊打官司》获得最佳女演员奖，夏雨凭借《阳光灿烂的日子》获得最佳男演员奖。

戛纳国际电影节创办于 1945 年，其初衷是推动电影节发展，振兴世界电影行业，为世界电影人提供国际舞台。戛纳电影节每年的举办时间为 5 月中旬，为期 12 天左右。戛纳电影节的最高奖项为"金棕榈奖"。曾获得过金棕榈奖的华语影片为陈凯歌导演的《霸王别姬》，这也是目前唯一一部获得金棕榈奖的华语影片。葛优、梁朝伟分别被评为最佳男演员，张曼玉被评为最佳女演员。王家卫凭借《春光乍泄》获得最佳导演奖。

柏林国际电影节创办于 1951 年，其目的是提高电影艺术水平，加强世界各国电影工作者的交流。柏林国际电影节举办时间为每年的 2 月，为期两周。柏林国际电影节的最高奖项为"金熊奖"。曾获得过金熊奖的华语影片有张艺谋的《红高粱》、李安的《喜宴》和《理智与情感》以及刁亦男的《白日焰火》等。张曼玉凭借《阮玲玉》获得最佳女演员奖，廖凡凭借《白日焰火》获得最佳男演员奖。

除了上述三个影响最大的国际性的电影节，还有一些国际电影节，比较有名的有东京国际电影节、华沙国际电影节、上海国际电影节、莫斯科国际电影节、开罗国际电影节等。

中国为了推动电影事业的发展，也设立了自己的奖项，主要有五个，分别是中国电影金鸡奖、大众电影百花奖、中国电影华表奖、香港电影金像奖、台湾电影金马奖。这五个奖项对中国电影起到了巨大的推动作用，也造就了许多优秀的电影作品和电影人。张艺谋、陈凯歌、冯小刚等导演都获得过其中多个奖项。

第二节 电影的制作与赏析

一、电影的制作

从时间上来分，一部电影的拍摄有三个阶段，即拍摄前、拍摄中和拍摄后。其中，每个阶段又有若干环节。

一部电影在拍摄之前，首先需要构思，即完成在头脑当中的工作。这一工作主要由电影导演完成。他需要明白为什么要拍这部电影，电影要传达什么信息，大概要怎么拍。当把一切想清楚之后，导演、编剧或者制片人需要和投资方或者制片人达成一致意见，争取到资金的支持。

在确定拍摄、资金到位之后，需要准备合适的剧本并获得拍摄许可证。剧本的准备一般耗时较长，尤其是对于一些精益求精的导演来说，剧本的好坏会从根本上决定一部电影拍出来的效果，如果没有一个好的剧本，很难拍摄出一部好的电影。对于剧本，电影相关的工作人员通常会多次打磨，力求完美，如果不符合预期，宁可不拍。为了获得一个好的剧本，相关工作人员甚至愿意耗时一两年。准备好剧本之后，还需要送往相关政府部门进行审查，审查通过后方可着手拍摄。

被允许拍摄之后，接下来需要挑选合适的演员。这一工作主要由电影导演完成，因为只有他知道哪些演员能够拍好他的电影。以陈凯歌的《霸王别姬》为例，当时在确定由谁来演程蝶衣的时候，他首先考虑的就是张国荣。事实证明，张国荣的确成就了《霸王别姬》。有的时候，导演甚至会为一个出色的演员量身定做一部电影。张艺谋就曾经为高仓健专门拍摄了《千里走单骑》。有的时候，导演也会通过举办活动来海选合适的演员。例如，周星驰拍《美人鱼》的时候，就是用海选的方式挑选出影片主角的。

当拍摄前期的工作完成之后，影片便进入拍摄阶段。拍摄的时间通常有要求，并且在拍摄前就已经确定，不能任意增加。因为拍电影的过程，也是一个花钱的过程。在拍摄的过程中，除了导演之外，其他的工作人员也要分工合作，以保证影片能够按时完成。一般来说，相关的工作人员按组划分，包括导演部门、摄像部门、美术部门等。导演部门包括总导演、执行导演、副导演、导演助理、演员等。摄像部门包括摄像指导、摄像师、摄像助理、灯光师等。美术部门包括美术设计、美术助理、化妆师、服装设计、道具等。拍摄过程中，需要严格把握进度和预算，这一工作通常由制片主任负责。制片主任需要经常场记、统筹制片协商或修改拍摄内容。

在拍摄的时候，导演会严格把握拍摄质量。这也是体现导演功力的时刻。演员的表演如果没有达到导演的要求，会被不断地要求重新表演，直到符合导演要求。

当拍摄完成之后，就进入了后期工作。后期工作主要包括剪辑、配音、调色、特技特效等。这一过程由导演、音乐总监等工作人员共同完成。当后期工作做完，影片就可以送达相关部门进行审核了，审核如果通过，拍摄好的影片就会定好上映日期，准备和观众见面了。

当然，上映前的发行和宣传也是必不可少的。负责电影发行的通常是专门的发行公司，也可以由投资方所在的公司负责发行。通常，电影在上映之前会举行上映发布会。在发布会上，主创和其他演员会进行宣传与造势。一般来说，导演和演员在这个时候会接受采访或者访谈。

二、电影的赏析

一部电影的好坏，根本的评价标准是看完之后的感受。看完一部电影，如果这部电影能让人感受深刻，或者能够给人启发，就可以说它是一部好的电影。大致有几个因素会影响一部电影给人的感受，即对白、影像、音乐等。一般来说，一部电影会同时具备多种元素，但也有特例。

对白是一部电影的台词，包含人物对话和旁白。一部电影的情节和故事脉络，也通过对白体现。观众需要通过对白明白这部电影在讲什么

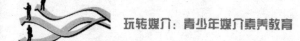

事情，想向观众传递什么信息。对白如果表达意思不清晰，语言晦涩难懂，那么就可以说这部影片在对白方面是有缺陷的。观众看一部影片，是想看一个好的故事，如果对白有缺陷，毫无疑问故事也是有缺陷的。值得一提的是，电影是一个艺术品，能传递影片信息的不仅仅是台词，也有影像或音乐的渲染，有些电影台词很少，甚至没有台词，但通过影像的剪辑通常能实现打动观众的目的。但这样的电影应该归于艺术电影，并非电影的主流表达方式。

影像是一部电影的基本元素，每部影片都不会缺少。在影像的观赏上，大致可以注意演员的表演和画面的观感。一位出色的演员，通常表演非常到位，能够打动观众，激起观众的共鸣。所有被称为佳作的电影，都离不开演员的精湛演出，如《教父》《泰坦尼克号》《辛德勒名单》《乱世佳人》等。在《教父》中，马龙·白兰度成功塑造了一个对家庭负责，做事有勇气、有担当，同时又勇于决断的人物形象，他在影片中的精湛演技给人留下了深刻印象。在《泰坦尼克号》中，杰克和露丝所演绎的爱情故事，成为难以磨灭的经典。

一部影片的观感，也体现在影像的剪辑和镜头的转换上。这两种方式都通过影响人的视觉达到目的。一部影片如果剪辑出色，镜头转换快慢有序，会让观众在观影的时候感觉舒服，感受美好。反之，如果一部电影该快的地方不快，该慢的地方不慢，让观众在观看的时候非常不舒服，可以说这部电影在影像上有问题。

作为一门综合艺术，音乐在电影的观感上也扮演着至关重要的角色。艺术是情感的表达，合适的音乐会让情感的表达得到升华，有时甚至能起到画龙点睛的作用。许多经典电影中的音乐都在电影的情感表达上起至关重要的作用。在《泰坦尼克号》当中，歌曲 *My heart will go on* 曾在片中出现多次，每次出现都恰到好处。这首音乐首次出现是在开场的时候，由女生演唱，这时它起的作用是烘托气氛，将观众带入电影的情境中。第二次出现是露丝想跳海的时候，这时候音乐不仅渲染了当时露丝的悲凉心境，同时也为接下来杰克的出场做了铺垫。第三次出现是两人

在船头做展翅飞翔姿势的时候，这时音乐又蕴含了浪漫和对自由的向往的意味。

除了上述主要基本因素外，电影中还有一些地方值得品味。例如，电影中的舞蹈、美术、建筑等。只要是能看到，能让人产生感受的东西，都有鉴赏的价值，这也是电影的魅力所在。

温故知新

1. 世界上第一部电影是如何诞生的。

2. 简述美国电影的发展。

3. 简述中国电影的发展。

4. 简述电影的制作。

5. 简述电影的赏析。

第八章 互联网

第一节 互联网的前世今生

一、互联网总述

将计算机网络互相连接在一起的方法称作"网络互联",在此基础上发展出覆盖全世界的全球性互联网络,称为互联网,即互相连接在一起的网络结构。伴随着多媒体技术和网络技术的不断发展和成熟,互联网正以极大的辐射力影响着人类社会的发展。互联网的诞生尽管只有短短几十年,却已经成为人们生活中最重要的一部分。

二、互联网的产生与发展

1969 年,为了能在爆发核战争时保障通信联络,美国国防部高级研究计划署资助建立了世界上第一个分组交换试验网——"阿帕网(AR-PANET)",后将美国西南部的加利福尼亚大学洛杉矶分校、斯坦福大学研究学院、加利福尼亚大学和犹他州大学的四台主要的计算机连接起来,阿帕网的建成和不断发展标志着计算机网络发展的新纪元。

1972 年,由于学术研究机构及政府机构的加入,阿帕网系统已经连接了 50 所大学和研究机构的主机;1982 年阿帕网又实现了与其他多个网络的互联，从而形成了以阿帕网为主干网的互联网。1983 年，美国国家科学基金会（NSF）提供巨资，建造了全美五大超级计算中心。为使全国的科学家、工程师能共享超级计算机的设施，又建立了基于 IP 协议的计算机通信网络——NFSNET。最初的 NFS 使用传输速率为 56 Kbps 的电话线通信，但根本不能满足需要。于是 NFS 便在全国按地区划分计算机广域网，并将它们与超级计算中心相连，最后又将各超级计算中心互连起来，通过连接各区域网的高速数据专线，而连接成为 NFSNET 的主干网。1986 年，NFSNET 建成后取代了阿帕网而成为互联网的主干网。以阿帕网为主干网的互联网只对少数的专家以及政府要员开放，而以 NFSNET 为主干网的互联网向社会开放。[①]

到了 20 世纪 90 年代，随着电脑的普及和信息技术的发展，互联网迅速地商业化，以其独有的魅力和爆炸式的传播速度成为当今的热点。商业利用是互联网前进的"发动机"。一方面，网点的增加以及众多企业商家的参与使互联网的规模急剧扩大，信息量也成倍增加；另一方面，刺激了网络服务的发展。互联网从硬件角度讲是世界上最大的计算机互联网络，它连接了全球不计其数的网络与电脑，也是世界上最为开放的系统。换句话说，互联网是一个实用而且有趣的巨大信息资源，允许世界上数以亿计的人进行通信和共享信息。目前，互联网仍在迅猛发展，并于发展中不断得到更新和被重新定义。

截至 2016 年 12 月，全球互联网用户总数突破 32 亿，但从普及率上看，欧洲的普及率最高，冰岛的普及率已经达到 90%；德国、法国等互联网普及率都在 60% 以上；美国是互联网的发源地，其互联网普及率已经达到 80%；在亚洲，韩国和日本的普及率最高，尤其是日本，基础设施较好，政府对互联网的推动力度极大。

互联网现在仍处于一个高速成长期，新技术、新应用、新模式层出不穷，到目前为止，依靠网站广告获得收入，一直是最主要、最常见的

---

① 沈骊天. 网络社会的产生发展与人文思考［J］. 系统科学学报，2002，10（4）：10-14.

网络盈利模式，搜索引擎营销无疑是互联网络上最理想的目标，因为目前搜索引擎已经成为网民获取信息的重要入口。

三、我国互联网的发展和现状

我国互联网起步较晚。1994 年，国务院批准全面接入互联网。同年 4 月 20 日，中国国家计算机与网络设施工程取得了重大成果，通过 64 千比特/秒（Kbps）国际专线实现了与互联网的全功能连接，开启了中国的互联网时代。中国科学院计算机网络信息中心完成了国家顶级域名（.CN）服务器的设置，从此改变了中国顶级域名服务器放在国外的历史。

2001 年，中国启用无线局域网 WLAN。随着 WLAN 网络热点覆盖范围持续扩大，公共及家庭 Wi-Fi 无线网络环境日益普及。2004 年 8 月，《中华人民共和国电子签名法》颁布，这是中国互联网领域的第一部单行法律，在中国互联网法治化进程中具有重要意义。2007 年，国家电子政务网络中央级传输骨干网络正式开通，标志着统一的国家电子政务网络框架基本形成。2013 年和 2015 年，中国分两批发放了第四代移动通信（4G）牌照，建成了世界最大的 4G 网络。2015 年 3 月"互联网＋"写入政府工作报告，成为国家战略层面的重大举措。[1]

中国互联网的最新统计数据记录着快速发展的步伐。从 1998 年起，中国互联网络信息中心于每年 1 月和 7 月定期发布中国互联网络发展状况统计报告。据最新的第 40 次报告数据统计，截至 2017 年 6 月，中国网民规模达到 7.51 亿，占全球网民总数的 1/5。互联网普及率为 54.3%，超过全球平均水平 4.6 个百分点。

四、中国互联网发展趋势

（一）中国网民持续增长

中国网民的增长符合创新扩展理论。根据美国墨西哥大学教授罗杰

---

[1] 中国网络空间研究院. 中国互联网 20 年发展报告，2016 - 01 - 21，http：//www. cac. gov. cn/2016 - 01/21/c_ 1117850404. htm.

斯的创新扩散理论，新事物的发展通常呈现 S 形，当其互联网普及率在 10% 以上时，互联网规模及其普及率迅速增长。目前中国正处于网民快速增长的阶段。

（二）互联网用户重心从传统媒体向互联网迁移

信息渠道功能是互联网基本的功能，这一功能已被中国网民广泛使用。据调查，30% 的网民主要信息渠道是互联网，互联网位居网民信息来源的第一位。作为传统信息渠道的电视和报纸，在多数网民中仍占据主要地位，超过六成的网民除互联网外，仍旧经常从电视和报纸中获取信息。月收入在 2000 元以上、年龄为 25～40 岁、学历在大专及以上的网民群体的特点是，有一定的消费能力，思维比较活跃，是各个企业都比较关注的一个群体。对于这个群体来说，互联网的信息渠道作用尤其突出，这部分人中接近九成都将互联网作为主要信息渠道。

（三）移动互联网主导地位强化

移动通信和互联网成为当今世界发展最快、市场潜力最大、前景最诱人的两大业务，它们的增长速度是任何预测家都未曾预料到的。用手机上网可以不受时间、地点限制，可以集通信、网络为一体，综合性能较好。截至 2017 年 6 月，我国手机网民规模达 7.24 亿，较 2016 年底增加 2830 万人。网民使用手机上网的比例由 2016 年底的 95.1% 提升至 96.3%。移动互联网应用产品中应用率最高的依然是即时通信类，娱乐应用依然是移动互联网用户的使用主流，手机电视、手机博客也正在获得更多网民的青睐。商务与学习类的产品正在快速发展，特别是手机 WAP 邮箱业务，活动用户呈增长趋势。随着 4G 业务在全球范围内投资，移动互联网宽带的增加所带来的技术驱动力将极大地促进移动电子商务的发展。[①]

---

① 于翠玲，刘斌. 大学生媒介素养概论［M］. 北京：北京师范大学出版社，2012.

第二节　网络的传播特点

一、网络传播的特点

随着电子传播发展而兴起的网络传播，较之传统的传播方式有巨大的优越性，它具有广泛性、开放性、参与性、综合性、及时性、交互性、虚拟性、平民化、多元化等特点，更符合信息传播的发展方向和天性，网络传播有助于形成和扩大民主权，开放兼容的现代伦理意识，网络传播使机会均等、公平竞争、广泛参与成为可能，网络传播具有全球一体化时空压缩、数字化与虚拟性等特点，它提供了全新的交流模式，也深刻地改变和正在改变着人类的生存状态、思维方式和价值观。

（一）及时性

报纸使用纸质媒介传递信息，传递速度受制于交通手段和零售环节；广播电视采用无线电信号的形式传递信息，由于受到信号传输覆盖面的限制，大大影响了传播速率；网络新闻传播的载体是光纤通信线路，光纤传递数字信号的速度为 30 万千米/秒，瞬间可达世界上任何地方，从而在技术环节上保证了网络新闻传播的即时特点。此外，传统媒介需要制作周期，有截稿时间的限制，网络新闻传播则不受此限，新闻稿件可以随到随发，网民也可以随时发布自己的所见所闻。

（二）互动性

互动性可以说是网络上信息发布的低门槛和信息传播方式灵活性而带来的直接结果，事实上，互动性不仅仅体现在"传与受"双方交流的增强上，还体现在整个信息形成过程的改变上。在一个真正的互动环境中，信息不再是依赖于某一方发出，而是在双方的交流过程中形成的。可以说网络上不再有信息传播控制者，而只存在信息传播参与者。

（三）分众化

网络技术带来的优势可以使受众从容地利用各种检索工具，在各类数据库中得到想要的数据。受众还可以自由地选择信息接收的时间、地点以及媒介的表现形式，与此同时，作为网络传播另一端的传播者，也可根据用户的需求为其定制服务。

（四）社群化

网络上的人们大多是群居的，这一方面是由于网络的互动性，另一方面则是由于网络创造的自由的无时空局限的更大的交流空间，来自全世界的网民在这里都可以寻找具有相同兴趣和爱好的朋友，互通消息，交流知识，因此，各种各样的社区 BBS、自由论坛和俱乐部，充斥在虚拟空间的各个角落，这些社群往往形成一些很牢固的人际互动网络。值得注意的是，网络的出现改变了传统的以传播者为中心的传播方式，网民及网络传播的受众，同时也成为网络信息的发布者，于是传统传播方式中的把关人角色缺失或者作用被削弱。网民交流的主要方式分即时通信、电子邮件、网络论坛的讨论三种，在即时通信和电子邮件两种方式中，网民交流处于隐秘的状态，把关人不能在这一过程中起作用。而在网络论坛里，一般把关人就是网络版主，他可以对其负责的板块上的帖子进行删除，也可以对不文明、不符合版规的发帖者 ID 进行禁言等。这对论坛讨论的话题和内容有简单的规范作用，但是相比报纸电视等传统媒体，网络把关人的功能已经大大削弱。不同文化水平的网民，拥有同样的受众与传播者的双重角色，这大大增加了网络传播内容的复杂性和不可控性，对于网民的文化素质、道德水平、媒介素养都提出了更高的要求。[①]

二、互联网对于青少年提出的媒介素养要求

青少年网民使用即时通信和交友网站的比例高于网民总体平均水平。在网络时代，每一个网民都是传播者，因而必须具有一个传播者应有的

---

① 杨智勇. 网络传播的特点及现状分析 [J]. 科技资讯，2009（27）：7.

素养，学会认识了解、运用辨别媒介。网络媒介素养主要包括个人运用网络的能力，对网络信息的甄别能力，对网络传播的运用能力等，我们承认互联网在促进网民获取信息、拓展人际交往、鼓励社会参与、提供实际生活便利等方面发挥了积极的作用，但是也容易引起网民与现实生活脱离，可能会造成一定心理健康问题。网络媒介素养的具体内容可以分为网民对媒介和网络信息的选择与认知能力；网民对媒介及信息的准确理解和理性批判能力；网民传播信息、运用媒介以及实现自身发展的能力。

第三节　如何利用互联网大数据

一、大数据到底是什么

大数据是由数量巨大、结构复杂、类型众多的数据构成的数据集合，是基于云计算的数据处理与应用模式，通过数据的整合共享，交叉复用等过程，最终形成的智力资源与知识服务能力。

大数据实质是互联网与统计学发展结合的产物。大数据逐渐发展成为一门新学科，一套新学说以及一种分析及解决问题，尤其是决策与预测问题的新方法、新手段。大数据通过对海量数据有针对性地分析，为互联网插上了统计学的翅膀，使得互联网的作用从简单的数据交流和信息传递上升到基于海量数据的分析。

大数据时代对数据的处理有三大特点：第一，不是随机样本，而是所有数据，即要求数据更多。第二，不是精准性，而是混杂性，即要求数据覆盖面更广。第三，不是因果关系，而是相关关系，即相关性比因果性更重要。这必然又是一次颠覆性的技术变革，对国家治理模式，对企业的决策组织和业务流程，对个人生活方式都将产生巨大的影响，这就是将客观世界数据化的过程。①

大数据与互联网的发展相辅相成，一方面互联网的发展为大数据的发展提供了更多数据、信息与资源，另一方面大数据的发展为互联网的发展提供了更多支撑服务与应用。近年来，移动通信与移动互联网传感器和物联网等互联网新技术、新应用、新发展模式的推陈出新，更使互联网无处不在。由此产生的数据越来越多，越来越大，继数字时代、信息时代、互联网时代后，人们又将进入大数据时代。②

中国拥有数量庞大的数据发送者和接收者，这些数据可以是文本音频视频位置、图片等结构化的、半结构化的或非结构化的数据，信息消费、信息交互、信息活动等已成为人们日常工作与生活的重要内容，人们越来越觉得一日不可无网。近年来，随着互联网技术与应用向物质世界的延伸和扩展，物联网应运而生，未来全球可挂网的物的数量比上网的人的数量要大得多，必将产生更大的数据。这些将极大推动社会经济、生产生活思维观念、政府政务、社会管理、社会安全等的变化与发展，当然，大数据与互联网的发展带来巨大机遇的同时，也带来了巨大挑战。

二、大数据的基本特征与发展方向

（一）大数据的基本特征

大数据是指数量除以容量，规模在 1000 TB 级，即 1015 字节以上的数据。其基本特征是，体量巨大，种类繁多，蕴含的商业价值高，要求的处理速度快。③ 利用新技术、新方法、新模式，从数量巨大和种类繁多的数据中，在有限的时间内快速地获得有价值的信息。化数为据、确定不确定性、发现规律、辅助决策、预测未来正是大数据的价值所在，也是互联网时代大数据走向企业、走向社会、走向应用，并实现自身不断发展的潜力所在。基于对大数据的研究和利用，将形成涉及大数据技术、

① 马炜 . 互联网环境下的"大数据时代"［J］. 商，2015（34）：210.
② 王胜开，王伟，沈烁 . 大数据与互联网［M］. 中国教育网络，2014（6）：37.
③ 马欣，周铭，冉晨光等 . 互联网与大数据发展研究［J］. 互联网天地，2014（1）：6.

大数据工程、大数据科学、大数据应用等众多领域的巨大产业链。

2009 年微软公司提出了以大数据为基础的科学研究——第四范式，仅以数据密集型的科学研究和学术交流为重点。随着大数据时代的到来，科学研究大踏步迈入新阶段，现代科研越来越离不开大数据，数据已经成为科学研究中的重要资源，并因此而衍生出了一系列新学科、新领域，如生物信息学、人类基因组研究等。如果离开大数据理论和技术的支撑，就无法开展工作。

（二）大数据的发展方向

为顺应形势发展，我国也制定了一系列有关大数据的国家战略政策、规划、顶层设计，确定了中长期发展目标和发展原则。我国积极构建有利于大数据发展的生态环境，整合创新资源，建立行业联盟，寻求关键技术突破，开展领域应用示范，着力推动大数据科研技术，形成产业应用与经济发展的良好态势。

相信未来随着大数据的分享合作，以及相关技术的更加成熟，大数据会带来整个互联网的变革，甚至改变人们的生活方式。总体来说，未来大数据的发展趋势主要会呈现出以下几个特点：大数据会越来越多地进入垂直领域，越来越实时化；大数据产业会发展成生态链，开放型越来越强大，数据会越来越多地走向数据交换和数据交易。

三、利用互联网大数据

（一）保持数据的真实性，防止信息泄露

对大数据进行合理有效的利用，最根本的问题就是如何保持数据的真实性，这就带来一个永恒的话题——诚信。大数据再利用时的隐秘性可能会带来新的垄断和社会资源的浪费，利益集团会穷尽一切手段去阻止大数据的公开透明，从而导致利益集团的既得优势更加明显。在这场新的斗争中，将会有新的、激烈的博弈。

对于个人来说，大数据的到来，使得隐私保护显得尤为重要，交友圈、上网偏好、购物喜好、银行账户等都可能随时随地因服务的需要上传到云端。我们每天所接收到的一切垃圾信息，只不过是反映信息泄露的一个窗口。而泄露程度却无从计算，法律也只能在权利受到侵犯后发挥作用，面对大数据时代防不胜防的个人信息泄露，自我保护才是前提。

（二）使用科学方法分析数据

客观地说，挖掘大数据必须借助概率论和数理统计的力量。计算机学家尝试从统计学的方法，从大数据中挖掘体系，但由于数据收集与数据计算方面存在的困难，复杂的统计公式一直没能应用于互联网的海量数据中，直到分布式处理，分布式数据库云存储，虚拟化技术的现代方法出现并成熟，使得统计学与计算科学具备了科学处理和分析数据的条件。

（三）互联网大数据可以应用的范围

思考互联网的大数据，要把生活和网络结合起来。

1. 便捷的本地生活与出行

如果人们在网上搜索旅游景点、酒店或自驾车路线等，根据搜索的内容，大数据可以知道哪个景点最热门、哪条路最畅通等。百度定位业务以地图为载体，覆盖餐饮、KTV 商城等，阿里巴巴在移动端加强与高德地图合作，腾讯推出了财付通和搜搜地图，线上线下结合的本地化营销。可见，所有的网络应用都要与地图和邀约位置结合，要与本地生活结合。

2. 电子商务

随着互联网的推广普及，电子商务在我国得到蓬勃发展，推动了我国互联网经济的繁荣昌盛。电子商务产生的大数据，带来了非常高的商业价值。对人们网上购物、消费，网络支付的行为进行深度挖掘，可以发现大量有价值的信息与规律。政府主管部门或商业机构为精准广告、精准库存、精准服务、精准管理、市场定位、购物模式分析、营销策略制定、市场行情预测提供有力的支持。随着进一步加强对互联网电子商

务的宏观调控和监管治理，互联网经济必将健康发展。①

但大数据也引申出网络交易中消费者的隐私保护问题。未来电子商务领域，需要找到个性化服务与隐私保护之间的平衡点。

3. 使用搜索引擎

搜索引擎天生就是大数据系统。利用大数据理论和技术，通过对网民搜索习惯、爱好、行为关键词等的深入分析，可以为网站建设搜索引擎技术的改进提供依据。例如，网上预订旅行产品、车票、机票等已成为一项非常重要的互联网服务和应用，因此使用搜索引擎，很容易找到大量有关游客乘客、景区景点、宾馆饭店的数据。

温故知新

1. 简述互联网的产生与发展。

2. 简述网络传播的特点。

3. 简述大数据的概念。

4. 简述大数据的基本特征。

---

① 戴恩林. 全球电子商务发展及我国的对策［J］. 亚太经济，2002（2）：46-48.

第九章　手　机

第一节　手机新媒介的产生和发展

手机又叫移动电话，是一种通话工具。它与电话最大的区别在于，不需要通过线路连接，而是以电磁感应的方式，通过卫星进行两端的信号连接。手机的概念最早是由贝尔实验室的科学家在 1947 年提出的。

第一台接近现代手机的通话设备诞生于 1973 年。1973 年 4 月 3 日，摩托罗拉公司（2014 年其智能手机业务被联想收购）前高管马丁·库珀试验了自己的一台电话。他成功地和另一名科学家同时通了电话。马丁·库珀因此被称为"手机之父"。但这台"手机"还非常粗糙，其重量为 1.13 千克，长 23 厘米，宽 4.45 厘米，厚 13 厘米，靠电池维持运转，可以说是名副其实的"砖头机"。同今天的手机相比，它的电池比现在的手机重 4~5 倍。每次通话不能超过 20 分钟，但充电需要 10 个小时。从这以后，手机开始迅猛发展，不断地更新换代。

第一台经过商业生产诞生的手机是 1983 年由摩托罗拉公司生产的 Dyna TAC 8000X 手机，第一次用这台手机打电话的人是一名叫鲍勃·巴内特的公司高管。这台手机重 0.9 千克，可以通话 30 分钟。

手机进入中国的时间是 1987 年，当时那款手机的型号是摩托罗拉 3200。同年，广东省建立了第一个移动通信网，首批网络用户有 700 人。

这些人所用的手机大部分是摩托罗拉 3200。这款手机只有通话功能，重量超过 1 千克，靠自身配置的电池能通话 30 分钟。

在摩托罗拉 3200 之后，摩托罗拉公司又推出一款手机，即摩托罗拉 8900，这是一款翻盖手机。这款手机的上市时间是 1995 年，一经推出就造成轰动（后来的手机设计从这款手机中获得了许多灵感）。这款手机在不拨打电话的时候，它的按键部分是被盖住的，这一设计有效地防止了电话的误拨。在上市之初，这款手机的售价最高达到 3 万 ~ 4 万元。摩托罗拉 328C 是继摩托罗拉 8900 之后，摩托罗拉公司推出的又一款经典手机。同摩托罗拉 8900 只把按键部分保护起来有所不同，这款手机用一块外壳把按键和屏幕全部遮挡起来。由于这款手机的重量仅有 95 克，所以又被称为"掌中宝"。它是一款真正意义上的折叠手机。

西门子公司在 1997 年也推出了一款经典手机，其型号是 SL10。它既是第一款滑盖手机，又是第一款三色彩屏手机。不过这款手机在上市之初销量并不高，所以卖的时间不是很长。究其原因，是当时这款手机的设计过于前卫，滑盖手机是在几年之后才成为经典的。除了这款手机，西门子公司还开发出了第一款内置 MP3 的手机，即西门子 6688。这款手机功能强大，首创了 MP3 + 储存卡 + JAVA 功能的组合，是手机历史上的经典之作。

从第一台手机诞生之后，手机的更新换代就从未停止。摩托罗拉的 V70 是第一款旋盖手机。这款手机所拥有的反色界面、颗粒按键等创新元素都引领了当时手机行业的潮流。爱立信 R310sc 是国内第一款三防手机，即防水、防震、防尘。1998 年上市的诺基亚 6110 是第一款内置游戏的手机，里面的游戏是贪吃蛇。爱立信 T39mc 是第一款内置蓝牙功能的手机。夏普 J - SH04 是第一款内置摄像头的手机。

到了今天，手机的功能已经非常强大了。除了通话、听音乐、玩游戏之外，还可以导航、视频通话。只要开发一个软件，就可以让手机拥有一项功能。手机已经成为人们生活中不可或缺的东西。

第二节 手机新媒介传播的效应

现代社会是个信息社会，媒体传播信息能力的强弱决定着对信息利用能力的强弱。而基于现代通信技术的第五媒体——手机，正以其广泛的用户和信息传播优势深刻地影响着现代社会生活。手机媒体是第五媒体的通俗称谓。第五媒体是以手机为视听终端、以手机上网为平台的个性化即时信息传播载体，它是以大众为传播目标、以定向为传播目的、以及时为传播效果、以互动为传播应用的大众传媒平台。

一、手机媒介传播的主要特征

（一）用户群和信息量庞大

到 2009 年，中国就已经拥有 6 亿手机用户，几乎一半人口有手机，在发达地区的甚至达到了 100% 的拥有手机。而且每个月还以 700 万左右的速度增长，这样一个具有广泛覆盖群的媒体平台，是以前其他媒体很难具有的。[①]当下，手机网络信息已经成为一种受人们喜爱、普及率高的传播方式。我国目前的手机网络信息业务呈现爆炸性增长，年均网络信息量高达万亿条。庞大的用户群体和海量信息传播是传统的报刊、电视、广播等媒介无法相比的。

（二）多向互动及随意快速传播

传统媒介是单向的，我传你受，所谓的信息反馈只能在一定限度内发生，并且常常是事后的、延时的，缺乏即时性和直接性。手机不仅是手机报纸、手机广播、手机电视的终端，还是移动电话的终端，无线互联网的终端。短信和 WAP 网等多种方式与手机媒体的内容运营商进行即时的、直接的交流、沟通和反馈"传受"，双方可以随时根据对方的反应

---

① 项立刚.2009 中国手机媒体的元年 ［J］. 信息系统工程，2009（2）：25.

修改、调整、补充自己的传播内容，实现新闻传播的多向互动。同时手机是一种随身媒体，打破了时空的限制。在时间上它基本做到即时发布、即时接收；在空间上它彻底打破媒介地域性和疆域性，让地球上的距离减小至可以忽略不计的地步。只要手机用户愿意，就可以进行共时跨越空间的信息传播。

（三）传播信息的个性化与多元化

"只要有一部手机，人人可以成为信息的生产者和发布者。"[1] 只要手机用户愿意，就可以在第一时间发布亲历式和目击式新闻。例如，在2007年4月弗吉尼亚校园枪击事件中，全球观众看到的唯一一段有枪声的现场影像就是一名美国人用手机拍摄的。传统主流媒体新闻的生产要经过修改、编辑、过滤，而手机用户以独立的身份参与信息生产及发布活动，对内容的加工和传播具有很强的突发性、随意性、随机性和独立性，手机用户唯一遵循的是自己的表达欲、价值观和倾向性。

二、手机媒介传播的正负效应

社会学家认为，人类社会自后工业时代开始就进入风险时代。能源危机、环境危机及其他自然危机接踵而来，新旧矛盾延续与交织也导致社会危机日常化和复杂化。而我国正处在一个社会经济快速发展、公共危机事件多发的时代，在对公共危机事件的处置中，手机媒介传播具有独特的优势。如果运用引导得当，正效应突出；反之，其负效应将给人民群众带来难以估量的损失。

（一）手机媒介传播的正效应分析

手机媒介能够及时满足人民群众的信息知晓权，适时进行正确的舆论引导。当公共危机事件发生的时候，手机媒介由于其时效性强、互动性强、到达率高等特点，容易发挥正向处理效能，首先表现为权威信息的发布而进行的正确引导。例如，2008年5月12日15时06分，汶川特大地震发生

---

① 陈德年. 手机媒介与新闻传播［J］. 中国记者，2008（10）：76-77.

不到一小时，《湖北手机报》《楚天都市报手机报》就迅速以快讯的形式向全省 40 余万手机报用户及时发布了权威地震资讯："湖北省地震局证实，四川省汶川县发生 7.6 级地震，湖北省武汉、宜都、神农架、仙桃等地有明显震感。"手机报同时提醒："震时保持镇静，就近躲避，避免靠近高楼。"到 5 月 12 日 17 时 55 分，两份手机报以快报、公告、特刊形式，连续 3 次发布了数千字的有关地震的相关资讯，起到了稳定民心的正效应。

手机媒介能够满足人们对移动信息化的要求，及时传播预警信息，引导人们避免各种灾害。随着我国移动通信产业的迅猛发展，手机最基本的语音传递功能开始逐渐被用户所淡化，方便快捷的手机信息传递功能为越来越多的手机用户所关注，用户开始将手机终端作为及时获得社会综合信息的载体。与此同时，移动信息化也开始融入多个产业链当中，不同程度地满足着各个行业对移动信息化的需求。[1] 例如，江西移动除了在电力部门大显身手外，还实现了手机导游、旅游投诉处理平台、旅游泛经济管理、二维码景点等应用；面向全省部分中小学校近 30 万家长、教师、孩子提供校信通服务，将学生到校、离校、家庭作业、教师评语等信息及时发送到家长手机上等。

危机管理的最高法门在于防患于未然。当识别有可能发生危机的因素时，就需要依靠有效的危机预警机制，通过媒介渠道传播相关信息，从而降低危机发生的可能性，甚至避免危机。在这方面，手机短信由于信息发布流程短、制约因素少、覆盖面大、传播迅速，成为发挥预警作用的首要渠道。[2] 例如，甘肃移动与省气象局联合开发的乡镇气象监测点无线传输网络系统，实现了各地气象状况及时发布预告，为预防各种灾害险情提供了保障。

手机媒介能够通过及时有效地进行信息干预，起到有效遏制谣言的作用。公共危机事件发生时，信息流动呈现无序、失衡状态。如果管理

---

① 任定保.中国移动全面加快信息建设步伐　多角度推动社会和谐发展［N］.中国青年报，2008－12－26.

② 侯欣洁.浅析手机媒体在公共危机处理中的效能.2008 新媒体传播学年会会议发言交流稿，2008－11－15.

者能够运用恰当的方法快速对事件进行真实的报道，对于及时遏制谣言和相应的虚假信息是十分有效的。手机媒介以其优势在很多公共危机处理中都能够很好地发挥辟谣作用。例如，2008 年 5 月 12 日汶川地震后，包括贵州、广西在内的多个省（市、自治区）有震感，引发一些群众的猜测和不安。针对这种情况，当地有关部门迅速通过手机短信和新华网等现代媒体，及时发布当地"处于非地震带"和"此次地震对贵州没有大的影响"等安民信息，有效地抵制了不实传言的流行扩散。①

（二）手机媒介传播的负效应分析

危机事件信息公开延误，将导致错误信息病毒式的流传。在危机传播领域，"危机"一词已有多种规定性。巴顿把危机规定为有以下特性的状态：一是惊奇，二是对重要价值的高度威胁，三是需要在短时间内做出决定。弗恩·班克思把危机定义为"对一个组织、公司及其产品或名声等产生潜在的负面影响的事故"。芬克则把危机定义为"在确定的变化逼近时，事件的不确定性或状态"。斯格等认为危机是"一种能够带来高度不确定性和高度威胁的、特殊的、不可预测的、非常规的事件或一系列事件"。②

可见，正确的危机事件信息传播就是和病毒式的错误信息赛跑，一旦延误，就会产生不可预计的损失。例如，一条手机信息就把四川广元部分果园的柑橘生虫演变成了全国性事件，使人们一度产生恐慌心理，不敢购买橘子，这给全国种植柑橘的果农造成了巨大损失，让辛苦的果农欲哭无泪。

危机事件信息公开处理不当，同样会导致错误信息强化流传。手机媒介传播多向互动性、随意性、多元性，常常造成错误信息广泛流传。而含糊不清的、容易让大众产生歧义的信息传播干预，却让错误信息传

---

① 赵鹏，刘文国. 善用手机短信传播安民信息，2008 – 5 – 12，http：//new s. xinhuanet. com/newsc enter/2008 – 05 – 12/.

② 高世屹. 美国危机传播研究初探，2014 – 02 – 11，http：//www. cssn. cn/xwcbx/xwcbx_ cbx/201402/t20140211_ 961352. shtml.

播在受众心里得到强化。例如，四川有关媒体以专家的"蛆虫无害说"作为主要信息传播，同时公布了旺苍县受害柑橘树为 68000 株。这不仅不符合人们的进食卫生习惯，同时让人们感到受害柑橘树数目庞大。这样的信息干预不仅没有达到预期的效果，而且适得其反。

第三节 "低头族"的危害

一、对颈椎、视力、睡眠等造成生理损害

手机通过电磁波，即手机辐射来传递信息，这些无线电波或多或少会被人体吸收，身体长时间暴露在辐射下，可能出现疲劳感[1]；有关研究表明，大脑胶质瘤与过度使用电子产品有关[2]，青少年头皮与颅骨较薄，对辐射更敏感，因此伤害更大；还有专家称，青少年身体还没有发育成熟，长时间使用手机会影响身高；另外，长时间低头玩手机会使颈椎的生理弯曲消失，变成僵直状态，甚至有患上颈椎病的可能；此外，手机屏幕小，长时间看手机屏幕会对视力造成损害，易使眼睛干涩、模糊，特别是有些青少年喜欢睡前躺在床上使用手机，这更容易导致散光和近视；手机屏幕发出的光线会影响人体褪黑素的合成，使人处于浅睡状态，睡眠质量降低，易产生焦虑、沮丧等不良情绪，给青少年学习生活会带来严重影响。

二、对心理健康造成不利影响

移动互联网的迅猛发展带来了大数据时代，人的大脑需加快筛选信息的速度以适应这种新需要，而加速的过程是通过改变某些神经回路来实现

---

[1] 周莹. 小孩要避免过度使用电子产品防胶质瘤高发，2012 – 12 – 14，http：//jian-kang. cntv. cn.

[2] 姜春媛. 专家称玩手机上瘾本质等同网瘾极端或致抑郁，2012 – 09 – 05，http：//health. sina. com. cn.

的。青少年的大脑尚未发育完全，手机成瘾会使他们长时间应对如此大的信息流，从而导致大脑长期处于超负荷状态，影响与他人沟通交流的神经回路功能的正常发展。因此，手机上网过度，有可能永久性改变大脑结构，对青少年大脑的学习、记忆和情绪方面的功能损害是不可逆转的；还有研究证明，高频度使用手机是"抑郁症"这种心理疾病产生的危险因素。

三、对学习、人际交往有消极影响

首先，手机成瘾会对青少年的学习产生很大的影响，如无法按时完成作业，没有充足的时间准备功课，上课精神不集中，无法控制玩手机的冲动，导致学习成绩下降，严重者则荒废学业；其次，移动互联网上有着海量的信息，而青少年接收到的信息大多是不完整、浅层次的，在较长时期内接触碎片化信息并逐渐形成习惯，有可能导致青少年的学习呈现零碎状态，难以集中精力、心态浮躁、缺乏整体意识和思考；再次，手机成瘾将使青少年在现实生活中人际交往减少，进而也使社会交往技能学习的机会减少，这将给其人际交往能力带来极大的影响；最后，青少年手机成瘾容易产生以自我为中心、内心充满敌意、不合群、冷漠、缺乏爱心等人格障碍，使他们的社交行为产生问题，如不善于与人沟通，遇到事情更愿意用简单粗暴的方式解决。

温故知新

1. 简述手机的发展历史。

2. 简述手机媒介传播的主要特征。

3. 简述手机媒介传播的正负效应。

4. 简述"低头族"的危害。

第十章　广　告

第一节　了解广告

广告已经完全融入了人们的生活，不管人们愿不愿意，它总是在自觉不自觉的时候闯入人们的空间，告诉人们什么是流行时尚，什么是前卫个性。广告编织着一个又一个的美丽梦境，而这些梦境的组成元素都是广告主需要人们消费的商品，人们的衣食住行，吃喝玩乐，无一不受到广告的侵袭。

一、广告的概念

《辞海》对广告下的定义是：向公众介绍商品，报道服务内容和文艺节目等的一种宣传方式，一般通过报刊、电台、电视台、招贴、电影、幻灯、橱窗布置、商品陈列的形式来进行。《简明不列颠百科全书》对广告的定义是：广告是传播信息的一种方式，其目的在于推销商品劳务，影响舆论，获得政治支持，推进一种事业或引起刊登广告者所希望的其他反应。

本书采用以下定义：广告是为了某种特定的需要，通过一定形式的媒体，公开而广泛地向公众传递信息的宣传手段。广告有广义和狭义之分。广义的广告包括非经济广告和经济广告，非经济广告指不以盈利为

目的的广告，又称效应广告，如政府行政部门、社会事业单位乃至个人的各种公告、启事、声明等，主要目的是推广；狭义的广告仅指经济广告，又称商业广告，是指以盈利为目的的广告，通常是商品生产者、经营者和消费者之间沟通信息的重要手段，或企业占领市场、推销产品、提供劳务的重要形式，主要目的是扩大经济效益。①

二、广告的特性

（一）盈利性

广告主是广告活动的发起人，从性质上看，广告主是多种多样的，政府机关、社会团体、企业、个人，都可以是广告主。日常生活中最常见的是企业，企业最典型的特征就是利益的最大化。企业付出广告费用的主要目的就是通过广告向大众传播有关自己的商品或服务的信息，促使消费者形成需要，并激发购买欲望，实施购买行为，从而增加其商品或服务的销量，获得更高的利润。政府与社会团体的广告则不一定以盈利为目标，可能是政策宣传，也可能是环保公益广告，以社会效益为主。

（二）有偿性

广告过程是一个系统工程，包括广告调查、广告策划、广告制作、媒介购买以及广告效果调查等，每一个环节都会产生相关费用，广告主必须为这些费用埋单。与其他的付费消费不同的是，广告主付出的费用一般不产生直接效应。广告的作用渗透于企业的整体营销过程中，是配合其他促销手段一起来推动企业的销售。

（三）说服性

广告是一种传播行为，其主要的目的就是对消费者的思想态度及行为施加一定的影响，使其随着广告主的意愿转变。广告信息的传播可以是传播一种商品或服务，甚至是一种观念，但总的目的是说服消费者接受某种商品，增加商品的消费。

---

① 毛羽飞. 创意是广告设计的灵魂 [J]. 美术大观, 2010 (1)：127.

（四）艺术性

广告要实现自己的目标，就需要一定的技巧，让消费者在一种愉悦的心态下接受广告信息，产生心理行为的变化。这就需要广告有较高的表现力、感染力，针对不同的目标消费者，采用不同的说服方式，使消费者乐于接受广告信息。

三、广告的表现形式

广告主可通过报刊、广播、电视、电影、路牌、橱窗、印刷品、霓虹灯等媒介或者形式，在中华人民共和国境内刊播、设置、张贴广告。具体包括：利用报纸、期刊、图书、名录等刊登广告；利用广播、电视、电影、录像、幻灯等播映广告；利用街道、广场、机场、车站、码头等的建筑物或空间设置路牌、霓虹灯、电子显示牌、橱窗、灯箱、墙壁等广告；利用影剧院、体育场（馆）、文化馆、展览馆、宾馆、饭店、游乐场、商场等场所内外设置、张贴广告；利用车、船、飞机等交通工具设置、绘制、张贴广告；通过邮局邮寄各类广告宣传品；通过馈赠实物进行广告宣传；利用 E - mail、BANNER 等进行广告宣传；利用其他媒介和形式刊播、设置、张贴广告；现在还有人用口头广告进行宣传，也有通过手机短信和彩信服务传播广告的，还有诸如往邮箱中发布广告等形式。

四、中国的广告发展

中国现存最早的工商业广告是收藏在上海博物馆的北宋时期济南刘记针铺广告，比英国第一张推销图书的英文印刷广告早四五年。元明时期，雕版印刷业得到发展，印刷广告不断增加。到清代，木版年画甚为流行，内容多取材于民间故事，戏剧人物及"福""禄""寿""喜"等吉祥字画，许多商人用木版年画做商品包装，包装广告得到了发展。

近代鸦片战争后，外国商人为了推销产品，开始在中国创办商业报纸，如香港英文报《中国之友》等，广告主可刊登商品、行业等广告。1914 年第一次世界大战爆发，列强无暇东顾，我国民族工业获得发展的

时机，广告进入了发展时期，内容遍及银行、香烟、百货、医药等行业。据 1923 年上海《新闻报》记载，广告费收入每年几乎上百万元。同时，广告注重文字、编排、绘画等形式，图文并茂，增强了艺术性。除报刊广告，其他广告形式如广播广告、霓虹灯广告、路牌广告、橱窗广告等相继出现，各类招牌广告争奇斗艳，引人入胜。

广告代理也开始在上海兴起，当时华南广告公司创办人林振彬被称为"中国广告之父"。与广告业的发展相适应，中国广告学的研究、教育也在"五四"运动时期起步。1918 年，北京大学青年教授徐宝璜在《新闻学》一书中，设专章论述"新闻纸之广告"，该书因此被广告史家称为我国最早涉及广告与研究的著述。虽有上述成绩，但总体看来，中国广告业发展极不均衡，水平低下，成就不大。①

中华人民共和国成立后，广告业有了一个短暂的发展时期，但随之进入停滞。改革开放以来，我国广告产业进入了良性发展阶段。为了规范中国广告业，1994 年全国人大常委会通过了《中华人民共和国广告法》，使得中国广告活动和广告管理有法可依、有章可循。广告业步入法制化轨道后得到空前发展。

2002 年，中国各类广告公司已超过 8.9 万家，从业人员 75 万余人，到 2017 年广告经营单位有 112.31 万户，广告业从业人数有 438.18 万人，电视广告、报纸杂志广告以及网络媒体广告，总计收入可达以亿元为单位的四位数字，其他广告如路牌、灯箱广告等具有中国特色的广告形式也不断被开发利用。

现在广告已成为中国经济发展的加速器，也是促进国际贸易、增加外汇、扩大受众视野的一个重要途径。从 1994 年以来，我国广告营业额平均每年以约 20% 的速度递增，高于同期国民生产总值的增幅。广告在国民生产总值中所占的比例，由 20 世纪 80 年代的 0.01% 上升到 1998 年的 0.68%。到 2016 年全国广告经营额达到 6489 亿元，规模已居世界第二。

---

① 贺川生. 旧上海的老广告 [J]. 品牌研究，2001（10）：57－58.

第二节 如何制作广告

一、广告的创意

一般来说，人们对广告信息比较抗拒，因此广告要获得较好的说服效果，需要提高隐蔽性，通过大胆新奇的手法来制造与众不同的视听效果，吸引消费者，这就需要广告创意。广告创意是在研究消费者心理需求的基础上，采用创造性思维，选择准确的广告诉求点与表现方式，让受众在娱乐享受中接受广告信息，广告创意的手法大致可以归纳为以下几类。

（一）独特销售建议

广告，就是要向消费者宣传一个独特的销售主张，每一条广告不仅靠文字和图像，还必须给消费者一个建议，即买本产品，将得到的明确利益。一个包治百病、面面俱到的广告是没有特点的，而突出商品的最大优点与特征，集中表现，反而能收到较好的传播效果。这一建议应该是该品牌独有的，是竞争品牌不能提出或不曾提出的，如沃尔沃汽车的安全，乐百氏矿泉水的 27 层净化，其实这一建议必须具有足够力量吸引、感动广大消费者。瑞福斯为 MM 豆制作广告时发现，该糖果是全美国第一个用糖衣裹着巧克力的糖果，于是以"只溶在口，不溶在手"为主题制作的广告，成为广告史上的经典之作。

（二）品牌形象法

人们购买商品看重的是商品能提供的物质和心理的利益。品牌形象法的基本要点是，为塑造品牌服务是广告最主要的目标。广告，就是力图使品牌具有且维持一个高知名度的品牌形象，企业任何一个广告都是对品牌的常见投资。广告，应该尽力去维护一个好的品牌形象，而不惜牺牲追求短期效益的诉求重点。随着同类商品的差异性减小，品牌之间

的同质性增大，消费者选择品牌时所运用的理性就越少，因此描绘品牌的形象，要比强调产品的具体功能特性重要得多。其实，消费者购买时追求的是实质利益加心理利益，对于某些消费群来说，广告尤其应该重视运用形象来满足其心理的需求。

（三）实施重心法

实施广告信息策略是一个独立的过程，广告的重点不在于说什么，而在于怎么说。实施这一创意手法的要点有：第一，尊重受众心理，不可居高临下，应持平等态度与公众交流。第二，手法必须明确简洁，内容要浓缩成单一目标、单一主题。第三，必须与众不同，具有自己的个性与风格，最重要的是要有独创性和新奇性。第四，不要忽视幽默的力量，如大众的金龟车引入美国时被认为又小又丑，不符合美国人的习惯和心理需求。广告设计者伯恩巴克，从金龟车的特点入手，因势利导，创造了一系列幽默广告，引导消费者认识金龟车经济、省油、便于停靠、性能好的特色，有很强的说服力，被认为是广告史上的最好作品。①

（四）定位理论

定位理论出现于20世纪70年代早期，它并不是创造新的东西，而是试图改变人们头脑中早就存在的东西，重新建立事物之间的联系，使产品在消费者的头脑中占有有利地位。基本的定位方法有以下几种：

一是树立领导者地位。一般来说，最先进入人们信息接收范围的广告信息与品牌，总会有一定的先发优势，消费者会购买先认知的商品与服务，如可口可乐，就强调是自己最先发明的可乐，其他的都是跟风者和模仿者。②

二是寻找市场间隙。在领导者占领市场的前提下，想要获得更好的竞争态势，在市场上立足，就要找到一个新的位置。如制订相对较高或较低的价格，或是强调产品功能的与众不同，以期在消费者头脑中建立

---

① 徐红，徐武烈．消费者广告信息搜寻的边际效用与广告策略［J］．中南民族大学学报，2004, 24（4）: 114 - 116.
② 戈诗卉．广告间接传播效果分析［D］．长春：吉林大学硕士学位论文，2016.

与先入者明显不同的形象，如神州笔记本低价格的策略。

三是创建定位秩序。在竞争者众多的局面下，寻找合适的定位是比较困难的。因而，广告必须改变竞争者在消费者头脑中的记忆与秩序，创造出一个新的秩序。在新秩序的建立过程中，为产品寻找一个有利地位。例如，当纯净水一统天下时，农夫山泉提出纯净水对健康并无好处，开始生产矿泉水，这种定位使其在对手众多的市场中脱颖而出。

四是比附定位。比附定位即将自己的产品与先入者中的知名品牌挂钩，借他人之名，加强消费者对产品的认知。例如，武汉香烟黄鹤楼，正是借用了湖北名楼黄鹤楼之名而名闻天下。

（五）固有刺激法

广告大师李奥贝纳提出，广告的秘诀在于找出产品与生俱来的戏剧性，这种创意方法的关键之处是发现企业生产这种产品的原因，以及消费者要购买这种产品的原因，依据产品与消费者之间的互动的固有刺激进行创意。

二、广告与媒介的关系

要创造更有价值的广告，先要了解广告与媒介的关系。对媒介来说，广告是其金库、聚宝盆。没有广告收入，大部分媒介都难以存活，广告与媒介产生关系的环节主要体现在媒介的购买上，即在什么媒介上刊播广告，在什么时段刊播广告，在一定时间内刊播多少次广告。

（一）确定媒介

（1）报纸。报纸的优点是种类繁多，发行面广，阅读者多，发行周期短，时效性较强，信息容量大，增减版方便。缺点是画面质量不高，注目率低，读者可自由选择是否阅读广告，保存性差。一般只有一天时间，重复阅读少。因而，报纸更适合做一些静态的，对画质要求不高，而对时间要求较高的平面广告，如房地产、文艺演出的广告，而不适合做保健品、化妆品、护肤品等的广告。

（2）杂志。杂志细分程度高，中国目前有万余种杂志，能够有效针

对目标群体；印刷质量好，都为彩色印刷，纸张高档精美，说服力强，不受版面限制，能充分展开信息，且利于保存，生命长，有被读者保存和反复阅读的机会。缺点是时效性差，一般以周和月为发行周期，需要提前购买广告版面，受众规模小，发行量在百万份的杂志不多。但与报纸相比，杂志可以传递给受众较强视觉冲击的广告图片，如手表、美容产品等。

（3）广播。广播时效性强，信息传递迅速，广告费用低，只有电视的几分之一，一些地方甚至一秒只有几十元。移动性强，接收自由方便，细分程度较高，有交通广播、音乐广播等不同频率，能针对目标人群投放广告。缺点是声音传播刺激性较弱，转瞬即逝，不利于记忆。广播更适合播出医药类、饮食类等形象性较差的广告。而类型化电台，则可以提高其专业性，如交通频道的汽车广告。

（4）电视。电视形声兼备，感官刺激性强，覆盖面广。广告对象广泛，时效性强，传播迅速。缺点是时间有限，单位时间信息量少，制作费用高，广告预算大，信息转瞬即逝，不利于记忆和保存。电视媒介由于其传播特性，有利于表现动态的画面，讲述故事，创造情境。

（5）网络。网络互动性强，消费者有反馈的能力，喜欢程度高，可以根据更细微的个人差别将顾客进行分类，分别传递不同的广告信息，种类多样，兼有几类媒体广告的特性。缺点是范围狭窄，只有在网络连通的地方有用，关注度低，受众一般可以自由选择是否点击广告，评估难度大，广告效果难以测定。[1]

（二）确定时间与版面

报纸广告可分为普通版位广告与特殊版位广告两种。普通版位广告按面积的比例来区分。特殊版位广告可分为头版广告、报眼广告、报花广告、中缝广告等。

广播广告可以按照时间和与受众生活规律的契合度来划分，我们主

---

[1] 于翠玲，刘斌. 大学生媒介素养概论［M］. 北京：北京师范大学出版社，2012.

要介绍按照时间划分的广播广告，按时间分布可做如下细分：甲级广告，安排在听众最多的时段播出，即早、中、晚收听率最高的时段。乙级广告，安排在上班工作或收听率相对较差的时段播出。顶级广告，安排在每次节目的空隙时间随时插播。特约广告，相对于普通广告的时间，将针对性较强的广告约定播出的时间。

电视广告时间上稍长，时间安排与广播广告大致类似，但价格要高得多。例如，2009年央视晚间新闻报道后，一则五秒的广告需要34000元，而一则30秒的广告需要115000元。

（三）确定频次

广告要想达到目的，就必须多次播出，以保证目标受众接触广告信息。广告次数转换到媒体指标上，就是暴露频次，一般来说，受众接受信息的次数越多，印象就越深。在商品刚进入市场的时候，投放广告的频次相对较高。目的在于树立消费者对产品的认知，增加消费量，高频次的播放，可以有较好的广告效果。而覆盖率较低的媒介则需要相对较高的广告编制，才能实现广告主的目的，广告主对广告媒介的选择、广告费用的支出成为不同媒介的经济来源。

媒介的细分与专业化程度的提高，也有利于提高广告的针对性，使其更好地为企业的整体营销战略服务。

温故知新

1. 简述广告的概念。

2. 简述广告的特性。

3. 简述中国广告的发展。

4. 简述广告与媒介的关系。

第十一章　电子游戏

第一节　了解电子游戏

一、电子游戏的概念

电子游戏，是指通过电子方式采取图像和声音模拟出虚拟场景，并构建一定游戏背景和游戏规则，使得玩家可以在其场景中进行娱乐活动的一种新兴的游戏方式。电子游戏有广义和狭义之分。广义的电子游戏大体包括三种类型，这三种类型以其所赖以存在的平台作为划分依据，它们是传统意义上的电子游戏（掌上机、街机、PS 机平台）、电视游戏（电视机平台）、电脑游戏（单机和网络平台）。

广义的电子游戏基本上包括了所有我们在生活中以此命名的游戏类型，并且从其严格性来讲，电视机平台只是一个过渡形式，它的游戏文本上使用的依然是 PS 内核，只是在显示技术上采用了电视机显示的形式。在电子游戏的历史描述中，就是使用广义的电子游戏概念。

狭义的电子游戏，是指电脑游戏，包括单机游戏和网络游戏，在诸多的研究文献中，这一界定基本上成为一个默认的共识。[1]

---

[1]　韩斌. 现代电子游戏艺术的特征与研究［J］. 明日风尚，2016（5）：240.

二、解构电子游戏

当我们将电子游戏界定为电脑游戏这一现象时，对其描述就有了一个具体特定的对象。我们每个人都可以回忆早期经典的俄罗斯方块和超级玛丽，还有街机中的街头霸王等。当社会发展到了电脑时代，并且到了网络时代，电子游戏这一新兴事物才有了真正的用武之地，并得到了空前的发展，进而由一种社会事物演变成一种社会现象。

电子游戏的特征在于以电子游戏的文本为核心，一个以玩家为主体，以游戏行为为主要内容，以共同形成的话语和特定文化氛围为基调，构建起的一个亚文化领域，并有其特定的场所。

电子游戏，是以游戏本身为核心辐射出去的，那电子游戏的文本便首先要界定和解释。换句话说，我们首先需要对电子游戏所有文本做综合性描述和解析。

电子游戏的首要功能就是娱乐，所以在许多方面，电子游戏文本都是各种可以结合的娱乐元素的综合。总的来说，电子游戏文本的基本元素有四种，即图像、音乐和音效、游戏背景、游戏规则。①图像。图像就是画面，包括设计理念、艺术效果、画质等，这是电子游戏最吸引玩家的直观方面。华丽而多彩的画面可以直接、迅速地吸引玩家，因为许多电子游戏要达到模拟场景的效果，画面的设计也要尽善尽美。②音乐和音效。电子游戏的音乐和音效也是极其重要的组成部分。在模拟的场景中，音效越来越被重视，而大多数电子游戏中的音乐都是传统或流行音乐的改变和重组，新的游戏中也有专门为游戏本身量身定做的音乐单曲，促进了游戏文化与其他流行文化的接轨。③游戏背景，电子游戏之所以不同于其他游戏方式，就是其所构建出来的游戏背景，可以说所有的电子游戏都是有其文化背景的，这些背景的设置对游戏本身来讲，是模拟游戏场景的必要条件，但从其效果上来看，往往携带了大量的所选取的背景本身的文化意义，又重新构建了一种意义。④游戏规则。游戏之所以是游戏，其共性在于存在的游戏规则，对于不同的电子游戏而言，

其图像音乐和背景的区别是表象的，其规则的不同才是电子游戏本质上的区别，类似于不同的游戏有不同的吸引力，电子游戏种类的区分主要也在游戏规则上。①

三、电子游戏的特征

作为一种文化现象，电子游戏一方面整体上与社会文化同步，体现社会文化的某些特征；另一方面它有着自身的独特结构和内容。游戏是随着科技的发展和时代的进步而出现的，它的出现具有时代性。开始，只是简单地将游戏作为一种人类社会永恒的文化娱乐方式，它是一种社会范畴的现象。到了现代，随着科技的发展，新的科技手段和这种本来的社会范畴的现象结合，生成了电子游戏这一独特的社会现象，所以说电子游戏是科技理性和人文关怀相结合的产物。

（一）技术与感性的结合

电子游戏正是高科技与人类情感需求的完美结合。电子游戏的产生是计算机技术发展的结果，电子游戏与技术之间的关系是如此紧密，最先进的计算机技术总是在游戏业得到最先应用，以至于许多计算机公司要开发新技术，都需要得到游戏的支持。人们可以在游戏中最贴近地感受科技最前沿的成果，感受科技创造的伟大能力，游戏本身的技术化特征也使玩家的活动有了知识的品质，因为它需要运用电脑，了解游戏运行的一些基本要求，所以很多玩电子游戏的人对计算机技术本身产生了浓厚的兴趣，这样就形成了对技术工作的审美转化。与之对应的是电子游戏的内容。由于数字化艺术的进步，人类可以运用技术手段去创造形象、模拟生活，现实社会被复制到游戏中，就成了一个在现实世界之外的新世界——虚拟真实的世界。这是一个没有外在秩序强制的地方，可以有情感的表达，本能欲望的宣泄，可以有对现实的不满，对自身的迷恋，破坏欲、暴力欲也以极其安全的方式得到了任何娱乐场所都不能提

---

① 任文启. 电子游戏与文化 [J]. 甘肃政法成人教育学院学报，2006（3）：157－158.

供的最大释放。①

（二）叙事与互动

数字化技术的发展使叙事成为游戏的基本结构，极大地提高了游戏对生活的模仿能力。同时电子游戏的交互性在界面不断友好的技术进步中大大加强，游戏的人与游戏的内容实时同步，使游戏成为一种生活体验，进一步提高了游戏本身的沉浸感，提高了人的真实感受。

第二节　单机游戏和网络游戏

一、单机游戏

（一）概念

单机游戏，也称单人游戏，是相对于网络游戏而言的。一般指仅使用一台游乐器或电脑就可以独立运作的电子游戏或电脑游戏。

（二）广义概念和国产单机游戏

在国外，单机游戏具有广泛性的含义，可以指主机游戏、电脑游戏、掌机游戏、街机游戏、手机游戏，而在国内通常指电脑游戏。实际上，随着互联网的急速发展，为了满足玩家的需求，网络元素和社交元素越来越多地被运用到单机游戏上，单机游戏除却单人游戏模式外还存在多人合作模式，部分单机游戏更是需要全程联网才能进行，发行商也需要为游戏搭载多人在线的服务器，可以说现如今单机游戏已经模糊了网络和单机之间的界限，而未来单机游戏也会向多元化游戏模式发展。

国产单机是中国单机游戏的简称，指中国人自己制作的单机游戏，包括内地简体版游戏和港澳台地区繁体版游戏，区别于国外制作的单机游戏。它对于国人来说不仅仅是游戏，也是一种文化上的认同。

---

① 王峥. 试论电子游戏与社会的互动 [J]. 哈尔滨工业大学学报，2005，7（4）：26－30.

（三）单机游戏的特点

单机游戏往往比网络游戏画面更加细腻、更加真实，剧情和音乐等方面也更加丰富、生动。在游戏主题的故事背景下展开的一系列游戏体验，往往给人一种身临其境的感觉。而且发展至今已经有多部作品的单机游戏系列，大多都如电影般讲述了一个剧情波澜起伏的精彩故事，并且让玩家将自己融入到故事中，去闯荡属于自己的另一个世界，打造自己的史诗与传奇经历。

单机游戏不易上瘾，不会牵扯太多的时间与精力，更注重休闲娱乐性、模拟真实性的体验。通常单机游戏被称为"第九艺术"，也就是声音和画面的完美结合，游戏的原画会更加偏重于艺术成分，如一些优秀的单机游戏会请来专业的演员为游戏表演，通过动作捕捉系统把演员的完美表演融入到游戏中。有些单机游戏还会邀请文学大师为其编写剧本，而请一些获得过大奖的音乐艺术家来为游戏配乐也是司空见惯的。而且单机游戏在剧情上比较注重内涵和人文表达，剧情往往赋予游戏更深刻的含义，游戏传达给玩家的理念通常是积极向上的。①

（四）游戏的主流操作

当今单机游戏主流操作方式有五种，分别是手柄、体感、键盘、鼠标、触摸。另有部分游戏支持外设，如方向盘。

（五）单机游戏的分类及介绍

单机游戏有十余种类型。例如：ACT 动作类、RPG 角色扮演类、AVG 冒险类、SLG 策略模拟类、FTG 格斗类、FPS 第一人称射击类、RTS 即时战略类、SPT 体育类、RCG 赛车类、STG 射击类、TAB 桌面类、PZL 益智类、MSC 音乐类、TCG 模拟培养类等。下面我们选取部分类型进行介绍。

1. ACT 动作类游戏

ACT 动作类游戏指玩家控制游戏人物用各种武器消灭敌人以过关的

---

① 王峥．试论电子游戏与社会的互动［J］．哈尔滨工业大学学报，2005，7（4）：26-30.

游戏，不追求故事情节，如熟悉的《超级玛丽》、可爱的《星之卡比》、华丽的《波斯王子》等。电脑上的动作游戏大多脱胎于早期的街机游戏和动作游戏，如《魂斗罗》等，设计主旨是面向普通玩家，以纯粹的娱乐休闲为目的，一般有少部分简单的解谜成分，操作简单，易于上手，紧张刺激，属于"大众化"游戏。

ACT 动作类游戏讲究打击的爽快感和流畅的游戏感觉，其中以日本CAPCOM 公司出的动作游戏最具代表性。对于 2D 系统上，是在卷动（横向、纵向）的背景上，根据代表玩家的活动块与代表敌人的活动块以攻击判定和被攻击判定进行碰撞计算，加入各种视觉、听觉效果而成的游戏。其中的经典有《快打旋风 FINAL FIGHT》《龙与地下城 D&D》系列。到 3D 游戏发展迅速的今天，ACT 动作类游戏获得了进一步发展，3D 技术在游戏中的应用使实现更真实、更流畅的动作成为可能，其代表作品为 KONAMI 的《合金装备 METAL GEAR SOLID》系列、日本光荣公司的《真·三国无双》系列。

2. RPG 角色扮演类游戏

在这类游戏中，玩家扮演虚拟世界中的一个或者几个特定角色在特定场景下进行游戏。角色根据不同的游戏情节和统计数据（如力量、灵敏、智力、魔法等），具有不同的能力，而这些能力会根据游戏规则在游戏情节中改变。RPG 角色扮演类游戏玩法多样，日本和中国制作的 RPG 角色扮演类游戏多数侧重于剧情表现，欧美则多将重点放在操控的游戏性方面。RPG 根据战斗方式不同又可分为 RPG、ARPG 等多种形式，前者包括广为玩家所熟知的《仙剑奇侠传》系列、《轩辕剑》系列等，后者包括《暗黑破坏神》系列、《剑侠情缘》系列、《伊苏》系列等。RPG 游戏的主要游戏思路旨在让玩家在游戏中体验另外一种生活，培养自己的角色。

3. AVG 冒险类游戏

此类游戏是由玩家控制游戏人物进行虚拟冒险的游戏。与 RPG 不同的是，AVG 的故事情节往往是以完成一个任务或解开某些谜题的形式出现的，而且在游戏过程中刻意强调谜题的重要性。AVG 冒险类游戏也可

再细分为动作类和解谜类两种，动作类 AVG 可以包含一些格斗或射击成分，如《生化危机》系列、《古墓丽影》系列、《侠盗猎车手》系列、《学园坏小子》、《恐龙危机》等；而解谜类 AVG 则纯粹依靠解谜拉动剧情的发展，难度系数较大，代表是超经典的《神秘岛》系列。

冒险类游戏才出现时，如《神秘岛》系列的平面探险游戏，多是根据各种推理小说、悬念小说及惊险小说改编而来的。在当时，其系统基本就是载入图片，播放文字、音乐、音效，然后循环。或者会有玩家的互动，但是也很有限，玩家的主要任务是体验其故事情节。直到《生化危机》系列诞生以后才重新定义了这一游戏类型，产生了融合动作游戏要素的冒险游戏（A·AVG），代表性的作品就是 CAPCOM 的《生化危机 BIOHAZARD》系列、《鬼泣 DEVIL MAY CRY》系列、《鬼武者》系列。

4. SLG 策略模拟类游戏

SLG 策略类游戏是一种广泛存在于图板游戏、电视游戏和电脑游戏的游戏形式。依照安排决策进行顺序的方式，可以分为即时战略游戏和回合制战略游戏：在即时战略游戏中，所有的决策都是即时进行的，即游戏是连续的，你可以在游戏进行中的任何时间做出并完成决策。而回合制战略游戏则相反，游戏是基于回合的。在回合制战略游戏中，参与者要依照游戏规则轮流做出决策，只有当一方完成决策后其他参与者才能进行决策。大部分非电脑游戏都是回合制战略游戏，然而也有极少数的非电脑战略游戏是即时战略的。例如：《魔兽争霸》《帝国时代》《三国志》《魔法门英雄无敌》。SLG 策略模拟类游戏的主要思路是让玩家在与电脑（AI）或者与人的竞争中以自己优秀的策略、缜密的思路去战胜对手。

5. FTG 格斗类游戏

FTG 格斗类游戏是由玩家操纵各种角色与电脑或另一玩家所控制的角色进行格斗的游戏。其按呈画技术可再分为 2D 和 3D 两种，2D 格斗类游戏有著名的《街霸》系列、《侍魂》系列、《拳皇》系列等；3D 格斗类游戏如《铁拳》《高达格斗》等。此类游戏剧情一般，最多有个简单的场景设定或背景展示，场景、人物、操控等也比较单一，但操作难度较大，主要依靠玩家迅速的判断和微操作取胜。

6. FPS 第一人称射击类游戏

严格来说，它是动作游戏的一个分支，但和 RTS 一样，其在世界上的迅速风靡，使之发展成了一个单独的类型。经典的 FPS 游戏莫过于《反恐精英》。

7. RTS 即时战略类游戏

RTS 即时战略类游戏本来属于策略模拟类游戏 SLG 的一个分支，但其在世界上的迅速风靡，使之慢慢发展成了一个单独的类型，知名度甚至超过了 SLG，有点儿像国际足联和国际奥委会的关系。其代表作有《魔兽争霸》系列、《帝国时代》系列、《星际争霸》等。后来，从其上又衍生出了所谓"即时战术游戏"，多以控制一个小队完成任务的方式突出战术的作用，以《盟军敢死队》为代表。

8. SPT 体育类游戏

SPT 体育类游戏是在电脑上模拟各类竞技体育运动的游戏，花样繁多，模拟度高，广受欢迎，如《FIFA》系列、《NBA Live》系列、《实况足球》系列等。

9. RCG 赛车类游戏

RCG 赛车类游戏是在电脑上模拟各类赛车运动的游戏，通常是在比赛场景下进行，非常讲究图像、音效技术，往往是代表电脑游戏的尖端技术，如《极品飞车》《山脊赛车》《摩托英豪》等。另一种说法将其称之为"Driving Game"。RCG 赛车类游戏内涵越来越丰富，出现了一些其他模式的竞速游戏，如赛艇、赛马等。

10. TAB 桌面类游戏

顾名思义，TAB 桌面类游戏就是从以前的桌面游戏脱胎到电脑上的游戏，如各类强手棋（掷骰子决定移动格数的游戏），经典的《大富翁》系列；棋牌类游戏也属于 TAB 桌面类游戏，如《拖拉机》《红心大战》《麻将》等。

11. PZL 益智类游戏

Puzzle 的原意是指以前用来培养儿童智力的拼图游戏，现引申为各类有趣的益智游戏，适合休闲时来玩。

12. MSC 音乐类游戏

MSC 音乐类游戏是培养玩家音乐敏感性、增强音乐感知的游戏。伴随着美妙的音乐，有的要求玩家翩翩起舞，有的要求玩家手指体操，如大家都熟悉的跳舞机，就是典型网络游戏，《劲乐团》也属其列。

13. TCG 模拟培养类游戏

一般大家都用 EDU（education）来指代该类游戏，以便于和 "On-line Trading Card Game" 区分开。TCG 模拟培养类游戏，就是玩家模拟培养的游戏，如《明星志愿》《世界足球经理》《凌波丽育成计划》等。

（六）单机游戏中的热门游戏

单机游戏中的热门游戏包括以下几种。

（1）反恐精英 CS：以团队合作为主的射击类网络游戏，第一人称视觉进入的射击游戏，国际著名游戏比赛项目之一，属于美国 Valve 公司。

（2）魔兽争霸：一款基于 PC 平台的世界著名的即时战略游戏，国际著名游戏比赛项目之一。由暴雪娱乐股份有限公司于 1994 年发行。

（3）星际争霸：基于 PC 平台的世界著名的即时战略游戏，国际著名游戏比赛项目之一，十大影响力游戏之一，属于暴雪娱乐股份有限公司。

（4）仙剑奇侠传：一款基于 PC 平台以中国古代神话传说为背景的中文 2D 角色扮演单机游戏，属于大宇资讯股份有限公司。

（5）红色警戒 RA：Red Alert，美国艺电游戏公司为个人电脑推出的一系列即时战略游戏，十大单机游戏之一。

（6）极品飞车：Need For Speed，美国艺电游戏公司加拿大黑盒子工作室出品，世界最著名的赛车游戏之一。

（7）NBA2008：是 EA SPORTS 从整体篮球的理念出发推出的体育竞技类游戏，由美国艺电公司 NBA LIVE 主创工作室设计。

（8）暗黑破坏神：该作品是暴雪娱乐股份有限公司于 1996 年推出的

一款动作 RPG 经典游戏，是早期闻名于世界的角色扮演类游戏。

（9）实况足球：是日本最具影响力的游戏软件商之一 KONAMI 公司开发的，基于 PC 和 PS2 平台的竞技类 3D 足球游戏。

（七）单机游戏与网络游戏的区别

网络游戏都是网络游戏运营商采用专业的游戏服务器进行管理和运营，才能让网络游戏玩家在娱乐时将网络游戏的属性和数据进行存储与变化，如等级、攻击力、防御力等，但因为网络游戏的终端并不在本地，所以网络游戏必须依靠互联网才可正常运转。而单机游戏都具有本地游戏服务器，也就是单机游戏的属性和数据都是由本地游戏服务器来进行存储和变化的，所以单机游戏不依靠互联网也可正常运转，并且部分单机游戏的本地游戏服务器也具有互联网联机的功能，在互联网下玩家可与其他互联网玩家进行互动娱乐。①

因为网络游戏需求大众化，所以可以让更多的玩家只需普通配置即可进行娱乐，因此其在画面、剧情、音乐等方面无法与单机游戏相比。而单机游戏注重画面、剧情、音乐、可玩性等方面，所以在这些方面都会更加真实、丰富、生动，比网络游戏更加优良，所以需求的配置也相对较高，如战地系列、使命召唤系列，在需求的配置中，对显卡和 CPU 的要求最为苛刻。

因为单机游戏需求的配置相对较高，所以在占用系统资源方面也有了提高，特别是在占用硬盘空间方面，通常一款单机游戏都需要几 GB 甚至十几 GB、几十 GB 的大小，而网络游戏在占用系统资源方面相对较低，占用硬盘空间也不及单机游戏。

单机游戏对于"作弊"或"辅助"方式的娱乐游戏是不限制的，但这仅表现在个人娱乐方面。若在单机游戏正与互联网联机娱乐时采用此方式，防作弊功能便会受到相应的限制，而网络游戏因为都具有网络游戏安全系统（也可称为反外挂系统），其作弊程序都叫外挂，此类系统具

---

① 张旭军，蒋永昌. 网络游戏拒绝掉线——网络游戏服务器选型与应用分析［J］. 微电脑世界，2003（13）：111 – 113.

有让网络游戏平衡运转、防止作弊等功能，所以网络游戏对作弊的限制非常苛刻。

通常单机游戏都会有相应的续作，续作的单机游戏是在前作的基础上再次对画面、剧情、音乐等方面进行提高，一款单机游戏的续作都是在前作发布的一两年或两三年后才进行发布，而网络游戏并没有续作之说，只会进行相应的更新。网络游戏在更新后可带来更加新鲜的娱乐，而在画面方面，网络游戏并不会进行相应的提高，因为网络游戏一旦开发完成并且正式运营，画面就已经定型。

二、网络游戏

（一）网络游戏的定义

网络游戏，英文名称为 Online Game，又称"在线游戏"，简称"网游"。网络游戏指以互联网为传输媒介，以游戏运营商服务器和用户计算机为处理终端，以游戏客户端软件为信息交互窗口的旨在实现娱乐、休闲、交流和取得虚拟成就的具有可持续性的个体性多人在线游戏。

网络游戏是区别于单机游戏而言的，是指玩家必须通过互联网链接来进行多人游戏。一般指由多名玩家，通过计算机网络在虚拟的环境下对人物角色及场景按照一定的规则进行操作，以达到娱乐和互动目的的游戏产品集合。①

网络游戏的诞生让一部分人的生活更丰富，丰富了一部分人的精神世界和物质世界，让游戏行业得到发展。

（二）网络游戏的形式

网络游戏的形式有以下两种。

1. 浏览器形式

这种形式的网络游戏是基于浏览器的游戏，也就是我们通常说的网页游戏，又称 Web 游戏，简称页游。它是基于 Web 浏览器的网络在线多

---

① 赵赟. 漫谈网络游戏 ［J］. 江苏教育研究，2017（26）：77－79.

人互动游戏，无须下载客户端，只需打开 IE 网页，10 秒钟即可进入游戏，不存在机器配置不够的问题，最重要的是关闭或者切换极其方便，尤其适合上班族。其类型及题材也非常丰富，典型的类型有角色扮演（功夫派）、战争策略（七雄争霸）、社区养成（洛克王国）、模拟经营（范特西篮球经理）、休闲竞技（弹弹堂）等。

2. 软件客户端形式

这种形式的网络游戏是由公司所架设的服务器来提供游戏，玩家们通过公司所提供的客户端连上公司服务器进行游戏，现称为网络游戏的大都属于此形式。此类游戏的特征是大多数玩家都会有一个专属于自己的角色（虚拟身份），而一切角色资料以及游戏资讯均记录在服务端。此类游戏大部分来自欧美以及亚洲地区，主要有 World of Warcraft（魔兽世界)(美国)、穿越火线（韩国）、EVE（冰岛）、战地（Battlefield)(瑞典)、最终幻想 14（日本）、梦幻西游（中国）等。

（三）网络游戏的种类

（1）休闲网络游戏：即登录网络服务商提供的游戏平台后（网页或程序），进行双人或多人对弈的网络游戏。

①传统棋牌类：如象棋、桌上游戏、皇家德州扑克、电动扑克、连环夺宝、彩金轮盘等。提供此类游戏的公司主要有腾讯、联众、新浪等。

②新形态（非棋牌）类：即根据各种桌游改编的网游，如三国杀、UNO 牌等。

（2）网络对战类游戏：即玩家安装市场上销售的支持局域网对战的功能游戏，通过网络中间服务器实现对战，如 CS、星际争霸、魔兽争霸等，主要的网络平台有盛大、腾讯、浩方等。

（3）角色扮演类大型网上游戏：即 RPG 类，通过扮演某一角色和任务的执行，使其提升等级，得到宝物等，如大话西游、倩女幽魂、月光宝盒等。提供此类平台的游戏公司主要有盛大等。

（4）功能性网游：即非网游类公司发起，借由网游的形式来实现特定功能的功能性网游，主要有光荣使命（南京军区开发的用于军事训练

的游戏）、由简股市气象台（基金与投资机构开发，用于收集股市趋势与动态）、清廉战士（用于反腐保先教育）、学雷锋（盛大出品的教育网游）等。

（四）网络游戏的发展

网络游戏是一种利用传输控制协议 TCP/IP，以互联网为依托，可以多人同时参与的游戏，通过参与者之间的互动达到交流、娱乐和休闲的目的。2000 年 7 月，由亚洲互动公司开发的游戏——万王之王引进国内，是第一批进入中国的网络游戏之一，在国内网络市场大获成功。网络游戏火爆登场，从此一发不可收拾。短短一年时间，市面上就相继出现数十款网络游戏，时至今日，网游玩家数量已经占据了上网人数中的大部分，并依然处在上升之中。CNNIC 统计数据显示，截至 2015 年 12 月，中国青少年网络游戏用户规模达 1.91 亿，占青少年网民的 66.5%，较网络游戏在全部网民中的使用率高 9.6%。在网游市场繁荣发展的同时，随之而来的争议也日渐增多，专家学者以及媒体将矛头指向网游中所凸显的暴利、凶残因素，批判其对青少年的不良影响。此外网络游戏成瘾现象也日趋严重，引起了教育学者及家长们深切的忧虑。①

（五）网络游戏的弊端

（1）由于网络游戏的刺激性、引力性，以及无约束性等特点，玩家在游戏过程中可以得到充分的放松，网络游戏因此成为人们在现实生活中多重压力之下的一个宣泄渠道。玩家在游戏虚拟世界中可以得到无限的自由，并通过完成任务等形式体验到自我价值实现的快感，久而久之，那些自制力薄弱、对现实生活有逃避倾向的玩家极易成瘾。长时间的上网游戏会危害玩家的身心健康，长期沉浸在虚拟世界中，缺乏面对面与人交流的经历，会使玩家交际与沟通能力退化，感情淡漠，从而引发孤独症、自闭症等心理疾病。

（2）网络游戏中存在一些暴力血腥的因素，以及对装备钱财的需求，

---

① 段旭光. 我国网络游戏管理存在的问题 ［J］. 新闻爱好者, 2010（19）: 12 – 13.

同时，虚拟世界中并不存在与现实对等的道德和法律约束，因此，对于长时间玩游戏的玩家来说，这会混淆现实与虚拟的价值观，从而产生暴力犯罪的倾向，滋生个人功利主义。在道德观上，会变得善恶模糊，从而导致道德沦丧。

（3）长时间沉溺于虚拟世界中，玩家对现实世界中原本自己的生活无暇顾及，从而引发学业、工作、家庭等多方面的危机。面对这些现象，人们不得不对网络游戏进行更全面、更深刻的反思，怎样把网络游戏的益处最大化，而把负面影响降至最低，这是目前学界亟待解决的一个问题。

（六）理解网络游戏，并适当使用

游戏是寓教于乐的一种教育形式，这也是网络游戏应该承担的社会责任。首先，家长们在知道孩子恋上某游戏时，应该第一时间去确认该游戏的价值取向，是否有利于青少年身心的健康发展。其次，在确认游戏价值取向没有问题后，家长们就要注意游戏的时间限制，保证孩子的身心健康。公众只有对网络游戏有客观的判断，才能引导青少年正确对待网络游戏，更好地发挥网络游戏的教育功能。[①]

第三节 电子游戏的成瘾

一、电子游戏成瘾的概念

所谓电子游戏成瘾，是指青少年花费在电子游戏上的时间越来越长，不玩电子游戏就会出现各种身体不适和情绪障碍的一种社会现象。青少年独立性差，自控能力弱，常常超过一般人水平地从事电子游戏的活动，会为了满足强烈的玩电子游戏的愿望，而放弃重要的社会角色及其他具

[①] 周浩慧．教育游戏：一种寓教于乐的新方式［J］．电脑知识与技术，2009，5（8）：1958－1959.

有意义的社会活动。电子游戏成瘾者在停止电子游戏活动后出现生理或心理不良反应，再次玩电子游戏可以避免生理或心理不良反应的出现。这种行为特征与神经活性物质成瘾者有许多相似之处，因此电子游戏成瘾具有成瘾性行为的基本特征，是一种精神病理行为。①

二、电子游戏成瘾的心理原因

（1）电子游戏在一定程度上可以满足青少年的好胜心理。许多电子游戏内容具有挑战性和赌博性，对独立性差的青少年有极大的诱惑力。

（2）网络游戏对青少年有强化激励作用。电脑游戏有简单和复杂两类，简单的游戏，只要掌握一般性操作，就可以使紧张疲劳的大脑得以放松。复杂的游戏可以锻炼青少年解决问题的能力，使反应灵活性增加，并且还可以培养青少年对某种行为的预见性。高级的游戏中，设计者将游戏结果通过屏幕显示出来，让人得到赞赏。游戏者为了得取高分而过分投入。这种游戏的强化激励作用，往往使青少年难以从游戏中自拔。

（3）电子游戏在一定程度上帮助学习困难者获得某种成功的体验。长期以来，由于学习压力过重，加上家长期望过高，许多青少年心理不堪重负。当遇到挫折、困难、失败时，青少年找不到合适的宣泄途径，而玩电子游戏，不仅能够宣泄压抑的情绪，还能够获得成功的体验。

（4）电子游戏帮助青少年逃避现实。电子游戏所营造的是一个虚拟的世界。一些青少年，尤其是那些在学校或家庭中人际关系较为紧张的孩子，为逃避现实中的不愉快而选择电子游戏，在自己能控制的虚拟世界中得到愉快的体验。而青少年一旦沉迷电子游戏，成瘾现象就可能出现。②

① 杨珍. 初中生生活事件与电子游戏成瘾的相关研究 [J]. 中国临床心理学杂志, 2005, 13 (2)：192 – 193.
② 肖余春. 中小学生电子游戏成瘾的心理危害和干预策略 [J]. 江西教育科研, 2002 (1)：47 – 48.

三、电子游戏成瘾者的躯体、心理、行为改变

躯体方面，由于长时间沉溺于电子游戏，玩家睡眠节奏紊乱。停止游戏时，变得倦怠疲乏。在游戏的刺激下变得兴奋，能量过度释放，以致不能维持睡眠周期。

心理方面，一旦停止玩电子游戏，玩家便会产生玩电子游戏的强烈渴望，难以控制对玩电子游戏的需要和冲动。这种需要和冲动使其不能从事任何别的活动，需要立即寻求电子游戏的活动。电子游戏成瘾者注意力不能集中和持久，记忆力减退，由于长期进行视觉形象思维，对逻辑思维的活动迟钝，缺乏兴趣和动机，对现实生活产生疏远感。不仅有明显的认知活动方面的变化，且情绪低落、悲观、消极、孤独，丧失自尊、自信。回到现实中的痛苦情绪和自我否定的体验，会促使其再次回到电子游戏中，以摆脱严酷的现实心理压力。

行为方面，主要表现为寻求电子游戏活动的行为，这与寻求药品的行为类似。为了能够获得电子游戏活动，甚至可以用掉自己的学费、生活费，到处贷款，欺骗父母索取钱财，以达到玩电子游戏的目的，因此造成个人行为品性方面的问题。①

四、电子游戏成瘾的危害

电子游戏成瘾的危害性主要表现在以下几个方面。

（一）易诱发青少年犯罪

（1）电子游戏当中含有暴力、色情成分，还有一定的赌博性，这使部分青少年沉溺其中。一些青少年为了满足玩游戏的欲望，一开始从家长手中骗钱，到后来不惜铤而走险，参与抢劫与斗殴。

（2）对于长期迷恋电子游戏的青少年，在心理上会产生更大的影响，主要表现为：疲劳之后产生幻觉，注意力下降，反应能力变差，影响智

---

① 杨艳春，祝卓宏. 电子游戏成瘾行为的精神病理机制探讨 ［J］. 中国心理卫生杂志，1999 （5）：319－320.

力发展，影响学习。部分人会出现焦虑情绪，思维迟缓，记忆减退，食欲不振，出现难以摆脱的渴望、冲动，形成戒断反应。成瘾后还会使青少年人格发生明显改变，变得自私、怯懦、自卑，失去朋友和家长的信任，进而逃学出走。

（二）影响人际关系

良好的人际关系是青少年顺利实现社会化的重要途径。电子游戏成瘾占用青少年大量的时间，使学习兴趣下降，与家人交流沟通的时间减少，逐步出现人际关系障碍。研究表明，影响青少年人际关系的关键性因素有社会背景和心理因素。部分游戏成瘾者，不尊重他人，以自我为中心，缺乏与家长和教师的交流，过于功利，过于依赖、偏激，不合群等。

（三）严重影响身体健康

第一，由于受到电磁波辐射，眼睛距离电视、电脑屏幕过近，极易出现视觉疲劳、眼睛发胀酸疼的现象，甚至出现视觉模糊。有时还伴有恶心、呕吐以及过度兴奋现象。第二，重复机械的运动和长时间的操作，会引起腰酸背疼，全身不适，指关节、肩关节、腕关节等多见的无菌性炎症。

五、对电子游戏成瘾的干预策略

第一，国家出台了一系列法律规定，强调"对设置带有赌博功能的电子游戏机和非法定节日允许未成年人入内的电子游戏厅，要坚决予以取缔""禁止未成年人进入网吧"，这是目前解决中小学生电子游戏成瘾问题的国家措施。

第二，指导和帮助中小学生合理安排好活动。要合理安排学生的社会活动、学校生活，用丰富多彩的活动替代电子游戏。

第三，给青少年创造人际沟通的条件，培养良好的人际关系，加强与父母和伙伴的交流与沟通，有助于防止游戏成瘾现象的产生。父母要多和孩子接触交流，主动了解其学习生活情况，与孩子交朋友，营造一

个宽松、和谐、民主的家庭气氛。同时要鼓励孩子参加集体活动，提高人际交往能力，锻炼意志力和增强自我控制能力。

温故知新

1. 什么是电子游戏？

2. 电子游戏有哪些特征？

3. 什么是单机游戏？

4. 什么是网络游戏？

5. 电子游戏成瘾的危害有哪些？

第十二章　新　闻

第一节　新闻的概念、基本特征与功能

一、新闻的概念

新闻是一种信息，是通过报纸、电台、广播、电视台等媒体途径所传播信息的一种称谓，是记录社会、传播信息、反映时代的一种文体。

新闻概念有广义与狭义之分。广义上除了发表于报刊、广播、互联网、电视上的评论与专文外的常用文本都属于新闻，包括消息、通讯、特写、速写等；狭义上是用概括的叙述方式，以较简明扼要的文字迅速及时地报道附近新近发生的、有价值的事实，使一定人群了解。

（一）新闻的结构和要素

每则新闻在结构上，一般包括标题、导语、主体、背景和结语五部分。前三者是主要部分，后两者是辅助部分。标题一般包括引标题、正标题和副标题；导语是新闻开头的第一段或第一句话，它扼要地揭示新闻的核心内容；主体是新闻的躯干，它用充足的事实来表现主题，是对导语内容的进一步扩展和阐释；背景指的是新闻发生的社会环境和自然环境。背景和结语有时也可以暗含在主体中。阅读新闻，要注意它的六要素，也就是记叙六要素，即人物、时间、地点、事件发生的原因、经过、结果。

（二）新闻的分类

（1）按事实发生状态分，有突发性新闻、持续性新闻、周期性新闻。

（2）按事实发生与报道的时间差距分，有事件性新闻与非事件性新闻。

（3）按新闻发生的地区与影响范围分，有国际性新闻、国内性新闻、地方性新闻。

（4）按新闻事实的材料组合分，有典型新闻、综合新闻、系列新闻。

（5）按传播渠道与信息载体分，有文字新闻、图片新闻、电声新闻、音像新闻。

（6）按反映社会生活的内容分，有政治新闻、经济新闻、法律新闻、军事新闻、科技新闻、文教新闻、体育新闻、社会新闻等。

二、新闻的基本特征

新闻是一种信息，它必须具有信息的基本特征。

（一）可传递性

新闻无论在空间上或时间上都是可传递的。新闻是通过传播和存储的方式进行传递的。新闻的效用与它们的传递是分不开的，只有通过传递才能更好地发挥它们的作用。传递的一般结构是由信源、信道和信宿构成的有机整体，新闻传递的特点在于无损耗性。信源发出一则新闻或消息之后，并不因为传递而减少其数量。信宿都会得到相同的新闻或信息，同一信源可给满意的新闻提供多个信宿，每个人都可以得到同样多的新闻。新闻的传递特点，使得新闻发挥作用的空间能够无限扩展，时间无限延伸，可传递性使得新闻在短短的时间内迅速扩散，广为传播。①

（二）共享性

所谓共享，就是同一内容的新闻，在同一时间被众多的使用者共同使用。从新闻的交流和物质交换的区别来看，新闻的共享性表现在提供

---

① 姚庆．新闻传媒论：新闻学研究的新视野［M］．北京：新华出版社，2013.

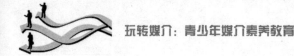

者并不会失去他所提供的新闻的数量和内容。在新闻交流时，一方得到的并不是另一方失去的，双方或多方可以共享。

（三）寄载性

各种新闻都是通过声波、图像、信号、电磁波和光波等媒介传递的，也就是说新闻的存储和传播必须借助一定的载体，其表现形式是物质的。任何新闻都是借助某种物质的特定运动形式表现出来的。因此，新闻必须依附于物质载体而存在，需要有物体承担者，自身不能独立存在和直接用来交流。新闻一经产生，就不会随着载荷它的物理介质的改变而改变，某一特定的新闻可以通过信函、报纸、声波、电波等不同载体进行传递。而新闻本身却不会因此改变。语言文字、图像、符号、信号等是新闻的第一载体，也可称为表述载体。存储第一载体的物质实体，包括纸张、磁带、胶片、电脑存储器等，这是第二载体。而人应该看作新闻的特殊载体，激活载体。

（四）可塑性

新闻的可塑性表现在可以被压缩、转换、加工、处理等方面。可塑性首先是指对新闻的内容可人为地进行规划、综合简化和浓缩，如数学家把许多相似的现象归纳出一个公式，为人们认识同类现象提供方便。记者从内容纷繁的事件中归纳概括出简明扼要的消息，用较短的篇幅、精练的语言为读者提供所需的新闻。可塑性的第二个方面是指对新闻的载体进行改造和创新设计，篇幅减少，体积缩小，便于存储、传输、携带和保存。计算机技术的发展为新闻载体的可塑性提供了便利，新闻可以转换不同的存在形态，也就是说同一条新闻可以载入不同形式的载体，它们之间是可以转换的。

三、新闻的功能

新闻是通过语言、音响、画面等信息形式来表现或再现社会的，它具有以下功能。

（一）新闻是对人类社会生活真实的再现和认知

新闻是通过客观事实来真实地再现社会生活；新闻是通过最新的事实来满足人们认知新事物的渴望；新闻是通过最迅速、最便捷的方式来帮助人们认知世界；新闻是通过对世界各国、各民族现实生态的差异性的真实再现，为广大受众提供认知自己和世界的客观参照。

（二）新闻具有形成、引导、反映、影响社会舆论的功能

（1）新闻可以形成社会舆论。舆论作为一种社会现象，具有广泛传播和事实依据两大客观属性，这也正是新闻的客观属性。因此，许多新闻报道能迅速形成社会舆论。

（2）新闻可以引导社会舆论。新闻通过有目的地选取社会生活中大量的客观事实，把最新的政治观念、法律观念、道德观念、价值观念、时尚观念等进行广泛传播，起到对社会舆论的启动、发生和引导作用。[①]

（3）新闻可以反映社会舆论。随着经济社会的发展、主体意识和公民意识的觉醒，大众对社会问题的关注度、参与度不断提高，并希望通过社会舆论形式来表述自己的意见、建议、愿望、呼声和要求。新闻作为大众传媒发布的信息，不仅要关注社会发展的新信息、新发明、新经验，更要关注人民群众的呼声和要求，反映社会舆论。特别是关注民生、强调民本、重视弱势群体的话语权已成为社会舆论的主流，新闻媒体也逐渐成为普通百姓表达话语权的重要手段。[②]

（4）新闻可以影响社会舆论。新闻可以通过对客观事实的连续报道，揭示关于事实的真相，从而影响社会舆论；新闻也可以通过发布重大事件，引起人们对事件的普遍重视，形成当前的谈话中心，从而影响社会舆论；新闻还可以通过对一些现象和问题发布意见，用新观念、新思想、新道德、新标准去教育、启发、劝导受众，从而对社会舆论产生重大影响。

（三）新闻具有教育和娱乐的功能

（1）新闻的教育功能是通过特殊方式实现的。新闻发挥教育功能不

---

① 丁柏铨. 新闻舆论引导与新闻规律 [J]. 新闻记者, 1997 (9)：18-20.
② 方芳. 社会舆论与经济发展 [J]. 新闻爱好者, 2004 (5)：22.

是采用说教、灌输的方法，而是通过事实本身蕴含的观点和思想来唤醒受众、感染受众，进而教育受众。

（2）新闻是对客观事物最新变化的表述。在当今信息爆炸的时代，科技发展变化的速度之快，往往只有新闻才能迅速做出反应。一般来说，最新科学知识的成果和创新，往往是通过新闻的形式发布的。因而，新闻也成为普及科学知识的重要手段。

（3）新闻的娱乐功能随着社会生活多样性的发展越来越显著。国外有人把新闻分为"严肃新闻"和"通俗新闻"，还有的分为"硬新闻"和"软新闻"。一般来讲，"通俗新闻"和"软新闻"主要起娱乐作用。

（四）新闻具有影响、引导、转变社会生活方式的功能

新闻传播形式的多样性对社会生活的覆盖越来越广泛。新闻传播时空的突破性对社会生活的浸润越来越深入。新闻信息的爆炸性对人们生活方式的影响越来越深刻。新闻内容的新奇性对人们生活时尚的引导越来越明显。

（五）新闻具有社会批评和监督的功能

（1）歌唱主旋律，褒扬真善美，贬斥假恶丑是新闻的重要原则和功能。客观报道的新闻，能给人一种社会衡量的标准，提供社会批评的素材和热点讨论的缘由。

（2）国家政治文明的发展和民主法治的完善，使得公开、公平、公正成为时尚，必然要求新闻的社会批评和监督功能进一步加强，为社会发展提供新闻舆论支持。

第二节　新闻的真实性与虚假新闻

一、新闻的真实性

新闻是对新近发生的事实的报道。新闻必须把事实放在第一位，新

闻是对事实的客观反映。没有事实就不会有新闻，坚持新闻的真实性是坚持正确导向、提高舆论引导能力的客观要求。坚持以正确的舆论引导人，最基本的一条就是要坚持新闻的真实性，这是提高引导能力、正确引导舆论的重要保证。

（一）新闻真实性的重要意义

1. 新闻的真实性与舆论导向并列而行

真实是导向的基本前提，正确的舆论导向是建立在真实的新闻报道基础上的。同时，新闻媒体还承担着为政府决策提供参考和民意表达的责任，是政府了解社情民意的重要途径，真实可靠的信息才能提供正确的参考。

2. 新闻的真实性决定新闻媒体的权威性和公信力

新闻媒体对新闻报道真实性的不懈追求，是赢得公信力和尊重的基础。那些得到受众欢迎的媒体，都是因为坚持新闻真实性原则，是在对新闻事件的真实客观报道中，提高知名度，赢得受众信任，树立权威性，提高公信力。①

（二）新闻真实的要求

长期以来，人们对新闻真实的要求可以归纳为以下三个方面。

1. 事实真实

事实真实即每一个具体的新闻报道中的每一项事实，都要求做到完全准确无误。也就是说，新闻报道中的主要新闻要素，均要引之有据，确凿可信，而且对这些要素的细节描述，不容许有丝毫的"合理想象"；另外，对新闻报道中引用的一切资料，也要求有可靠的来源，必要时要有明确的交代。②

2. 总体真实

总体真实即在一定的时间或空间范围内，新闻媒介不仅在单个的事

---

① 孙丽. 浅谈坚持新闻真实性的必要性 [J]. 跨世纪，2008（11）：321－322.
② 张群群. 新闻真实和事实真实的区别 [J]. 新闻论坛，2010（4）：35.

实报道上是真实的、准确无误的，而且在对事实的总体把握上，在全面的新闻报道内容上，都必须掌握总体真实的原则，决不能以偏概全，避免产生误导。

3. 本质真实

本质真实即要求新闻媒介通过事实的报道揭示出该事实发生发展的原因及其本质。

坚持新闻真实性的原则就是贴近实际、贴近生活、贴近群众，以高度的社会责任感和饱满的热情，真实反映国家建设、社会发展方方面面的成就和进展，客观报道国内外重要新闻事件和与人民群众生活密切相关的各种新闻信息。

二、虚假新闻

（一）虚假新闻的概念

虚假新闻是指为了达到某一目的而采用发布假信息，欺骗当事者的一种舆论，未能真实反映客观事物本来面貌，带有虚假成分的报道。虚假新闻的发布者需要承担民事法律责任、行政责任和刑事法律责任。

（二）虚假新闻产生的原因和影响

随着现代传媒业的飞速发展，被称为传媒痼疾的虚假新闻不时出现，且造假的手段多种多样。虽然有识之士提出对虚假新闻采取"零容忍"态度，但是造假者照"假"不误，有受利益驱动的，有不良诉求的，都有其鲜明的目的：或为点击量，这就是利润率，这就是生产力；或为造星，生造形形色色的网络新星，不炒不行；或为不当竞争，捕风捉影，移花接木，嫁祸于人；或为挑拨关系，煽动过激性、攻击性情绪，让政府、社会和部分民众骤然对立，破坏稳定和谐。总之，虚假新闻产生的原因复杂多样，主要有以下几个方面。

1. 新闻从业人员素质下降，社会责任感缺乏

任何行业和个人都有其社会责任，新闻从业人员由于自身行业的特殊性，社会责任感应更为突出。新闻事业快速发展，存在各种层次水平

的从业者，导致其素质本身良莠不齐。处在社会转型期，浮躁的风气也会给新闻从业者带来不稳定因素。其中社会责任感缺乏，往往导致对报道的角度把握不准，使受众产生不正常的社会心理。

2. 媒体非正常竞争

在激烈的市场竞争中，有的媒体为了获得更多的经济利益和轰动效应，不惜刊发虚假失实的新闻报道，展开恶性竞争，新闻事件怎么"轰动"怎么写，全然不顾事实的真相。为了轰动效应，有的从业人员什么假都敢造，什么故事都敢编。

3. 利益驱使造假

这里的利益包括精神和经济两方面。有的记者为了获得名誉编造虚假新闻。有的单位和个人为了宣传自己，会给记者一定的"好处"，有时也能够左右记者手中的笔，隐瞒那些对采访对象不利的事实。

4. 受众特殊的心理需求——猎奇心理

虚假新闻之所以大行其道的一个重要原因，就是它迎合了受众的心理需求。根据传播学理论，受众在整个传播过程中占有很重要的地位，他们并不是新闻信息的被动接收者，而是根据自己的心理需求，选择性地吸收信息。接收新闻信息时，只有超出常态的信息，才会刺激他们的神经，引发兴趣。虚假新闻正是迎合了素质不高的受众的猎奇心理，大肆编造不实信息，以牟取经济利益。这类虚假新闻主要分布在两个领域：一是集中在娱乐体育等领域，以编造炒作影视明星、体育明星的隐私为能事；二是集中在科技领域，打着探索科学奥秘的口号，制造明显违反常识的奇闻。①

5. 网络的互动性和"放大效应"

网络的互动性打破了传统媒体传受分明的局限，为人们参与信息的发布和人与人之间的交流提供了无限的空间。但是它是一把双刃剑，在拓宽新闻传播渠道的同时，客观上为虚假新闻的产生提供了条件。由于

① 陈欢. 受众心理需求与新闻价值浅议 [J]. 新闻窗，2002（1）：37-38.

人力物力的局限，各网站不能对网络访问者提供的大量信息一一进行调查核实，不少网络访问者借此散布不实信息，甚至蓄意制造虚假新闻。

网络传播速度快，传播范围广，对虚假新闻具有放大效应。受发行量的限制，存在于纸质媒介上的虚假新闻，往往只在小范围内流传，但一经网络转载，便迅速扩散，在广泛的空间里造成难以预计的影响。①

6. 约束机制和整顿措施不完善

由于我国的法律法规尚未健全，不能最大限度地规范和约束新闻行业及其从业人员的新闻行为。社会对新闻媒体的监管力量薄弱，虚假新闻产生后除了受到道德的谴责以外，还需要承担民事法律责任、行政责任和刑事法律责任，但处理很难及时，处理方案很难明确，是虚假新闻得不到有效根治的一个重要原因。

（三）正确甄别、远离虚假新闻

（1）网民要尽量避免虚假新闻的二次传播。面对鱼龙混杂的网络上的海量信息，确认是虚假新闻的，坚决不转载、不引用；不能确定新闻真实性的要多方求证，进行核实后再做使用。加强学习，在分析时尽量做到科学冷静。在使用新闻材料时，尽量选择可信度比较高的新闻平台，如新华网、人民网、中国新闻网，这些新闻平台在选取新闻上相对严谨且全面客观。同时在网络上选取新闻时，应多观察新闻的原始出处。

（2）新闻工作者识别虚假新闻，关键在于认真、细心、谨慎。只要每个新闻工作者都树立良好的职业道德和职业精神，树立政治意识、大局意识和责任意识，就一定能把虚假新闻杜绝在版面之外。

（3）监管部门负有重要责任。监管部门要以治理虚假新闻为突破口，进一步完善新闻从业者的管理机制，健全新闻单位采编工作制度，建立有效的教育培训制度，建立责任追究制度，完善社会监督机制。教育新

---

① 廖向东. 假新闻的社会危害性及根源分析 [J]. 浙江传媒学院学报，2006（1）：13 – 14.

闻作业人员提高责任意识和职业道德水平，提升新闻工作的社会声誉，树立新闻传播的良好形象。

温故知新

1. 简述新闻的概念。

2. 简述新闻的基本特征。

3. 什么是新闻的真实性？

4. 什么是虚假新闻？

第十三章　微博与微信

第一节　认识微博与微信

一、认识微博

微博，即微型博客的简称，也是博客的一种，是一种通过关注机制分享简短实时信息的广播式的社交网络平台。

微博是一个基于用户关系进行信息分享、传播以及获取的平台。用户可以通过 Web、Wap 等各种客户端组建个人社区，以 140 字（包括标点符号）的文字更新信息，并实现即时分享。微博的关注机制分为单向、双向两种。

微博作为一个分享和交流平台，更注重时效性。微博客更能表达出每时每刻的思想和最新动态，而博客则更偏重于梳理自己在一段时间内的所见、所闻、所感。因微博而诞生出微小说这种小说体裁。①

最早也是最著名的微博平台是美国的 Twitter。2006 年 3 月，博客技术先驱 blogger 创始人埃文·威廉姆斯（Evan Williams）创建的新兴公司 Obvious 推出了大微博服务。在最初阶段，这项服务只是用于向好友的手

---

① 董敬畏. 作为一种公共领域表现形式的微博——特征、影响及其困境 ［J］. 中共杭州市委党校学报，2013，1（3）：55－60.

机发送文本信息。

在 2007 年 5 月，国际间计算总共有 111 个类似 Twitter 的网站。然而，最值得注意的仍是 Twitter，它于 2007 年在得克萨斯州奥斯汀举办的南非西南会议赢得了部落格类的网站奖。Twitter 的主要竞争对手是 Plurk 和 Jaiku。后来微博客的新服务特色持续诞生，如 Plurk 有时间轴，可以观看整合了视讯和照片的分享，Identi、Pownce 整合了微博客，加上了档案分享和事件邀请。

从校内网起家的王兴在 2006 年把企业卖给千橡互动后，于 2007 年 5 月创建了中国第一家带有微博色彩的社交网络——饭否网，而腾讯作为一个拥有 4.1 亿 QQ 用户的企业，发现用户对随时随地发布自己状态的强烈需求后，于 2007 年 8 月 13 日推出腾讯滔滔。

2009 年 7 月中旬开始，国内大批老牌微博产品停止运营，一些新产品开始进入人们的视野，如 6 月开放的 Follow5，7 月开放的 9911，8 月开放的新浪微博。其中 Follow5 在 2009 年 7 月 19 日孙楠大连演唱会上的亮相，是国内第一次将微博引入大型演艺活动，与 Twitter 当年的发展颇有几分类似。

2009 年 8 月，中国门户网站新浪推出"新浪微博"内测版，成为第一家提供微博服务的门户网站，微博正式进入中文上网主流人群视野。随着微博在网民中的日益火热，在微博中诞生的各种网络热词也迅速走红网络，微博效应正在逐渐形成。

2009 年，"微博"这个全新的名词，以摧枯拉朽的姿态扫荡世界，打败"奥巴马""甲流"等名词，成为全世界最流行的词汇。伴随而来的，是一场微博世界人气的争夺战，大批量的名人被各大网站招揽，各路名人也以微博为平台，在网络世界里聚集人气。同样，新的传播工具也造就了无数的草根英雄，从默默无闻到新的话语传播者，往往只在一夜之间，只因寥寥数语。

截至 2013 年上半年，新浪微博注册用户达到 5.36 亿，2012 年第三季度腾讯微博注册用户达到 5.07 亿，刷微博成为中国网民上网的主要活

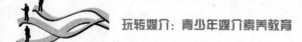

动之一。

2015 年 1 月，微博开放 140 字的发布限制，以 2000 字为上限，1 月 28 日对微博会员开放试用权限，2 月 28 日正式对微博全量用户开放。

二、知名微博平台

（一）Twitter

"Twitter" 英文原意为小鸟的叽叽喳喳声，用户能用如发手机短信的数百种工具更新信息。Twitter 的出现把世人的眼光引入了一个叫 "微博" 的小小世界里。Twitter 是一个社交网络及微博客服务平台。用户可以经由 SMS、即时通信、电邮、Twitter 网站或 Twitter 客户端软件输入最多 140 字的文字更新，Twitter 被 Alexa 网页流量统计评定为最受欢迎的 50 个网络应用之一。

（二）腾讯

腾讯微博限制字数为 140 字，有私信功能，支持网页、客户端、手机平台，支持对话和转播，并具备图片上传和视频分享等功能。支持简体中文、繁体中文和英语。在 "转播" 设计上，转发内容独立限制在 140 字以内，采取类似于 Twitter 的回复类型 @，这与大多数国内微博相同。此外，腾讯微博更加鼓励用户自建话题，在用户搜索上可直接对账号进行查询。①

（三）新浪

新浪微博似乎没有跳出新浪博客文化。推广策略上，貌似也走着新浪博客走过的路，以名人效应拉动，从人气用户推荐可见：名嘴黄健翔，明星李冰冰、容祖儿，Soho 中国的潘石屹等。新浪微博是一个由新浪网推出、提供微型博客的服务网站是一个类似于 Twitter 和 Facebook 的混合体，用户可以通过网页、Wap 页面、外部程序和手机短信、彩信等发布 140 个汉字（280 字符）以内的信息，并可上传图片和链接视频，实现即

---

① 刘再兴. 140 字微博考 [J]. 市场观察，2011（3）：1.

时分享。新浪微博可以直接在一条微博下面附加评论，也可以直接在一条微博里发送图片，这两点功能是新浪微博最先添加的。

（四）网易

网易微博继承了 Twitter 的简约风格，无论是在色彩布局还是在整体设计上，都可以找到 Twitter 的些许痕迹。交互上，摒弃了新浪微博回复提醒的烦琐功能，相比于新浪微博的评论内嵌，网易微博采用了 @ 的形式进行用户之间的友好交流。信息提醒方面，区别于新浪微博的右侧小范围提醒，采用 Twitter 式的 Ajax 免刷新设计的横条，大大扩大了可点击范围。话题搜索快捷插入功能上，单个#（如"#话题"）比新浪微博的"#话题#"更考虑到用户插入话题的便捷性和易用性。同时将#意见反馈放到内容框下更显眼的位置。可见，网易微博把用户的建议与意见放到了一个相当重要的位置。①

（五）搜狐

搜狐微博是搜狐网旗下的一个功能，如果已有搜狐通行证，可以登录搜狐微博直接输入账号登录。

三、认识微信

微信是腾讯公司于 2011 年 1 月 21 日推出的一个为智能终端提供即时通信服务的免费应用程序，由张小龙所带领的腾讯广州研发中心产品团队打造。微信支持跨通信运营商、跨操作系统平台，通过网络快速发送免费（需消耗少量网络流量）语音短信、视频、图片和文字，同时，也可以使用通过共享流媒体内容的资料和基于位置的社交插件"朋友圈""公众平台""语音记事本"等。②

2011 年 1 月 21 日，微信发布针对 iPhone 用户的 1.0 测试版。该版本支持通过 QQ 账号导入现有的联系人资料，但仅有即时通信、分享照片和

---

① 周旋. 论微博客的新媒体特征 [J]. 新闻传播，2010（3）：45.
② 刘小慧. 微信公众号的制胜法宝 [J]. 信息与电脑：理论版，2014（7）：68.

更换头像等简单功能。在随后微信 1.1、微信 1.2 和微信 1.3 三个测试版中，微信逐渐增加了对手机通讯录的读取、与腾讯微博私信的互通以及多人会话功能的支持。截至 2011 年 4 月底，腾讯微信获得了四五百万注册用户。①

2011 年 5 月 10 日，微信发布了 2.0 版本，该版本新增了像 Talkbox 的语音对讲功能，使得微信的用户群第一次有了显著增长。

2011 年 8 月，微信添加了"查看附近的人"的陌生人交友功能，用户数量达到 1500 万。到 2011 年底，微信用户已超过 5000 万。

2011 年 10 月 1 日，微信发布 3.0 版本，该版本加入了"摇一摇"和"漂流瓶"功能，增加了对繁体中文语言界面的支持，并增加中国香港、中国澳门、中国台湾、美国、日本五个地区的用户绑定手机号。

2012 年 3 月，微信用户数突破 1 亿大关。4 月 19 日，微信发布 4.0 版本。这一版本增加了类似 Path 和 Instagram 的相册功能，并且可以把相册分享到朋友圈。

2012 年 4 月，腾讯公司开始进行将微信推向国际市场的尝试。为了推动微信的欧美化，腾讯公司将其 4.0 英文版更名为"WeChat"，之后推出多种语言支持。

2012 年 7 月 19 日，微信 4.2 版本增加了视频聊天插件，并发布网页版微信界面。

2012 年 9 月 5 日，微信 4.3 版本增加了摇一摇传图功能，该功能可以方便地把图片从电脑上传送到手机上。这一版本还新增了语音搜索功能，并且支持解绑手机号码和 QQ 号，进一步增强了用户对个人信息的把控。

2012 年 9 月 17 日，腾讯微信团队发布消息称，微信注册用户已破 2 亿。

2013 年 1 月 15 日深夜，腾讯微信团队在微博上宣布微信用户数突破

---

① 田欠欠. 微信：在内忧外患中"火"起来 [J]. 中国电信业，2013（1）：33 – 35.

3 亿，成为全球下载量和用户量最多的通信软件，影响力遍及中国内地及中国香港、中国台湾、东南亚地区，海外华人聚集地和少数西方国家。

2013 年 2 月 5 日，微信发布 4.5 版。这一版本支持实时对讲和多人实时语音聊天，并进一步丰富了"摇一摇"和二维码的功能，支持对聊天记录进行搜索、保存和迁移。同时，微信 4.5 版还加入了语音提醒和根据对方发来的位置进行导航的功能。

2013 年 8 月 5 日，微信 5.0 for ios 上线，添加了表情商店和游戏中心，"扫一扫"功能全新升级，可以扫街景、扫条码、扫二维码、扫单词翻译、扫封面。同年 8 月 9 日，微信 5.0 Android 上线。

2013 年 8 月 15 日，微信海外版（WeChat）注册用户突破 1 亿，一个月内新增 3000 万名用户。

2013 年 10 月 24 日，腾讯微信的用户数量已经超过了 6 亿，每日活跃用户为 1 亿。

2013 年 12 月 31 日，微信 5.0 for Windows Phone 上线，添加了表情商店、绑定银行卡、收藏、绑定邮箱、分享信息到朋友圈等功能。

2014 年 1 月 4 日，微信在产品内添加由"滴滴出行"提供的打车功能。

2014 年 1 月 28 日，微信升级为 5.2 版本，Android 版界面全新改版。

2014 年 3 月，开放"微信支付"功能。

2014 年 3 月 24 日，电脑管家牵手微信上线聊天记录备份功能。

2014 年 8 月 28 日，微信支付正式公布"微信智慧生活"全行业解决方案。具体体现在以微信公众号＋微信支付为基础，帮助传统行业将原有商业模式"移植"到微信平台。

2015 年 1 月 21 日，微信在 App Store 率先上线了 6.1 版，新版增加了"附件栏发微信红包""更换手机时，自定义表情不会丢失""可以搜索朋友圈的内容和附近的餐馆"三大功能。还有安装之后的开场幻灯片——统计你过去一年"送出的赞"以及"收获的赞"。

2016 年 1 月 11 日，微信之父张小龙时隔多年的公开亮相解读了微信

的四大价值观。张小龙指出，越来越多的产品需要公众号服务，因为这里开发、获取用户和传播成本更低。但拆分出来的服务号并没有提供更好的服务，所以微信内部正在研究新的形态，称为"微信小程序"。

2016年9月21日，微信小程序正式开启内测。在微信生态下，触手可及、用完即走的微信小程序引起广泛关注。腾讯云正式上线微信小程序解决方案，提供小程序在云端服务器的技术方案。

2017年1月9日0点，万众瞩目的微信第一批小程序正式低调上线，用户可以体验到各种各样的小程序提供的服务。

2017年2月，Brand Finance发布2017年度全球500强品牌榜单，微信排名为100。

2017年3月23日晚，微信官方悄然推出了"微信指数"功能，腾讯方面定义其为微信官方提供的基于微信大数据分析的移动端指数。

2017年4月19日，微信方面宣布，因苹果新规定出台，对应用内支付规则进行了变更，IOS版微信公众平台及表情平台赞赏功能从当日17：00起被关闭，安卓等其他版本微信赞赏功能不受影响。

2017年5月4日，微信支付宣布携手CITCON正式进军美国。在微信支付正式进军美国后，赴美人群可在美国享受无现金支付的便利。通过微信支付，赴美人群在美国的衣食住行均可直接用人民币结算。

2017年5月5日上午起，俄罗斯境内部分微信用户陆续出现被限制使用的现象，网页版功能也无法使用。俄罗斯政府要求服务商提供所在国的工商注册信息、服务器地址、软件功能说明等信息。俄方保证，在提供上述信息后将取消对WeChat的封停。

2017年5月18日，微信迎来更新，新增"微信实验室"功能。目前，启用的实验有"看一看"和"搜一搜"两个功能。

第二节　公共领域与微博

哈贝马斯在《公共领域的结构转型》一书中提出了"公共领域"的

理想模型，即把公共领域理解为介于国家政治权力与私人领域之间的一块中间地带。公共领域作为介于国家和社会之间、不受政府侵扰的自由空间，其最重要的功能是提供一种对话机制。公共领域有三个特征，即公共开放性、批判理性、公共利益性。

微博以互联网为依托，具有公共开放性，原则上对所有人开放；微博具有交互性，任何人都可以发微博，并在其他用户的微博上留言，因此为以自由对话为前提的理性批判提供了土壤；同时，微博上的很多言论讨论的是人们共同关注的社会民生问题，因此它具有公共利益性。从表象上看，微博具备了构成公共领域的基本特征。在一些公共事件中，微博作为信息传播和交流媒体起到了"公共领域"的作用。但是，从全局来看，微博还不能完全等同于哈贝马斯所说的"公共领域"。①

一、从公共领域的特征看微博

（一）公共开放性与微博

微博的草根性体现了其开放性。由于登录方式灵活多样，微博属于"零进入壁垒"；同时，其字数限制在 140 个字以内，对内容做出限定反而进一步保证了其开放性。传统的博客写作需要具备一定的文字功底和系统组织能力，一般网民难以接近，或者就算写了博客也很难受到"围观"，所以传统博客的使用呈现出"精英化"趋势。另外，因为生活节奏加快，很多人根本没有时间在博客上长篇大论。微博恰好弥补了传统博客的上述不足，因其"微"，即字数限定使其内容不宜系统化，从而更接近口语，使每个用户都可以畅所欲言。因此，从理论上讲，每个网民都是微博的潜在用户。

但同时也应该看到，我国目前经济发展不平衡，在某种程度上造成了传播媒介接近权的不均衡状态，很多欠发达地区居民根本没有机会接触网络。随着手机网民数量的增加，手机微博用户数呈现增长趋势，但

---

① 高明. 网络环境下公共话语空间的构建 ［J］. 河南：山东师范大学硕士学位论文，2013.

手机微博用户的年龄分布极不均衡，因此，微博的公共开放性明显不足。

（二）理性批判与微博

哈贝马斯关于公共领域的特点有一个假设前提，即每个参与的公众都是理性的人，在公共场所发表的言论都是理性的批判，只有在理性的批判中公共事务及决策才具有合法性、合理性。

与哈贝马斯理想的理性批判不同的是，微博上的信息交流存在非理性因素。由于网民的素质参差不齐、媒介素养各有不同，加上使用微博的目的不同，在"围观"的微博用户中很容易形成勒庞所说的"乌合之众"现象。甚至，有的用户还会利用网络的匿名性发表不负责任的言论。与博客的面对面不同，微博采取的是背对脸的信息交互，就像一个人在电脑上玩游戏，路过的人从背后看他怎么玩，而他不需要主动与背后的人交流。[1] 同时，微博的交流方式有延时性，这便导致了微博的批判力度不够。

（三）公共利益与微博

当前，由于生活节奏加快，人们在日常生活中关系疏离，孤独感增强。这也导致很多人期望在网络营造的拟态环境中进行自我表达、揭露，以释放压力、排遣寂寞。根据中国调查网的有关数据，在微博使用原因中选择"想大家看到自己写的东西、记录心情、发泄情绪"这一选项的，占的比重最大。由此可知，在微博中出现最多的是无聊私语，是出于一种自我表达的需要，是一种自我揭露行为。网民选择微博，主要是为了寻找"网络人际关系"，这其中包括"寻求知己""团结力量""人际吸引"三要素。[2] 这虽然也是一种表达权，但是显然不同于有关公共利益的表达。当然，不可否认，在微博中也不乏对公共事件的关注，而且这类微博很容易被微博用户围观、转载、收藏，但这种事件相对于繁杂多样的公共利益而言只是九牛一毛。

---

① 杨晓茹. 传播学视域中的微博研究 [J]. 当代传播，2010（2）：73－74.
② 汤允一，吴孟轩. 博客书写之自我揭露行为对网络人际关系之影响，中国网络传播（总）第一卷第一辑 [M]. 上海：复旦大学出版社，2007.

二、微博与公共领域在其他方面的不同

微博与公共领域的不同还体现在微博的名人效应、议程设置、低俗信息以及严格的信息过滤机制上。

定位为中国版 Twitter 的新浪微博，极其重视名人效应，拉拢大批名人注册新浪微博，并因此得到了广泛的关注，赢得了很高的点击率。但是，名人们的微博变相地侵占了草根们的话语权。

微博网站具有议程设置功能。以网易微博为例，其页面上有个"热门话题"导航，吸引微博用户不自觉地围观。在商业化的运作下，同传统媒体一样，微博的议程设置很容易受到有关利益集团的控制，并且有时候有转移受众视线之嫌。

在由文化批判转向文化消费的时代，媒介的娱乐功能大大增强，微博中也有不少迎合大众低级趣味的媚俗信息。无论是网易、新浪、搜狐还是腾讯，都采用严格的信息过滤机制，刷下很多微博，把很多敏感的问题"束之高阁"，这显然不利于敏感话题在公共的理性批判中找到合理性、合法性根据。①

第三节　私人空间的微信

一、微信平台中用户信息私密性的原因分析

移动互联网时代赋予了信息传播双向性、无限性、交互性等特点，使信息传播"去中心化"。由此，相较于传统媒体时代的以传播者为中心，用户在信息传播过程中具备了主动性与更大的自由度，既可以是信息传播者，也可以是信息接收者。这一改变在改善了用户在信息传播链

---

① 蔡斯敏. 微博语境下的中国网络公共领域探析 [J]. 天津行政学院学报，2014（6）：92 – 97.

中地位的同时，也使用户信息私密性极易受到威胁。但微信的崛起似乎打破了这一现象，这主要归结于用户对于手机软件的选择、关注以及微信特殊的运营机制。①

（一）微信用户自身对于私密性的要求

凯斯·桑斯坦认为："网络让人们更容易获得的是自己喜欢的信息，而拒绝接受自己不喜欢的信息，事实上人们得到的是'窄化'的信息。"② 微博用户数量的下降表明，微博提供给用户的海量信息以及广阔的舆论天地已经在一定程度上不能满足目前用户的需求。而以微信为主要代表的类似即时通信软件的用户数量的稳步增长，意味着微信能够提供微博无法提供的功能。这一功能主要是微信保证了用户信息的私密性，这也是用户从微博转战微信的重要原因。

微信好友一般是基于手机通讯录、腾讯 QQ 等"强关系链"的联系人。这一传受双方间的关系决定了通过微信传递与获得反馈的信息会更加私密。此外，微信用户间的对话主要是点对点的传播，信息停留在传受双方的移动终端上，只有联系人双方可以获得。除微信好友是"强关系链"的联系人、聊天内容具有私密性外，微信"朋友圈"的功能在满足用户自我展示需要的同时，相较微博来说也更具私密性和针对性，朋友圈仅对微信好友公开，只有微信好友可以查看。换言之，未经用户同意的任何人都无法获知信息内容。此外，微信用户还可根据自身要求，设置"不让他（她）看我的朋友圈"和"不看他（她）的朋友圈"的可选功能。

微博平台上，无论微博主与粉丝是否相互关注，只要经过搜索并访问具体微博地址，就能够看到用户发布的相关信息，信息的展现相对开放。虽然微博加入了"密友可见"和"分组可见"的功能，但多数人在

---

① 徐会，李芒. 用户思维在高校微信公众号运营中的应用 [J]. 宿州学院学报，2017（8）：47-49.

② 杨清波，黄英霏. 微传播时代的网络信息窄化解析 [J]. 新闻研究导刊，2012（12）：38-42.

认知和操作层面已将微博定义为一个信息发布的公共平台。而微信则一般被用户定义为，使用户在相对私密性的空间中进行信息传播，可保证用户自身信息的私密性。换言之，当用户从微博转战微信，将其作为自己信息展示的平台时，已经表明用户自身对于私密性的关注。

（二）微信的特殊运作机制保证了用户信息的私密性

微信虽为用户营造了较为私密的聊天环境，但该平台中其实也存在公共平台服务号和订阅号。服务号主要是为客户提供服务的，一般被企业用户作服务推广用，一个月仅能推送四条信息；订阅号需要用户自行订阅，订阅后，服务号每天最多推送一条图文信息。订阅号一般媒体用得较多，其主要功能是为微信用户提供信息和资讯。

由于运作机制的不同，微信用户在信息获取的数量、渠道上与微博有较大差异。微博是本着信息海量的原则，而微信则是本着信息有效、私密性的原则。在微信平台，几乎所有信息都受到了屏蔽，用户自身关注好友的朋友圈和订阅号、服务号所发布或推送的信息除外。"扫一扫"等功能虽然从一定程度上增加了微信用户的信息来源，但其信息受限的本质没有改变。有限的朋友圈、服务号、订阅号，主要受限于微信的运作机制。微信的这种运作机制使移动互联网时代中信息传播的有效性和迅捷性受到影响，但从信息私密性角度而言，正是这种有限性保障了用户信息的私密性。

二、微信用户信息私密性的利与弊

在传统媒体时代，受众信息私密性获得保障部分的原因可以归结于信息传播渠道的不通达，到了移动互联网时代，用户信息私密性随着信息传播愈发便捷而受到不同程度的影响。而微信的突围，带来微信用户信息私密性回归的同时，于用户、社会而言，其利弊究竟如何？

（一）利：用户信息的私密性得到保证

美国学者克莱·舍基在《未来是湿的——无组织的组织力量》一书中

提出了"湿世界"的概念，他认为未来的世界是湿的。① 这里的"湿"特指社会性软件使人与人之间充满人情味，不再单纯依靠制度被捆绑在一起，在这个黏性社会，人们通过情感交流进行联系。

微信中用户间的强关联性，使微信平台自身营造了一个私密性环境，基于手机通讯录以及腾讯 QQ 好友的交际圈，从源头排除了信息传播过程中可能出现的干扰。

此外，值得一提的是，用户在微信传播中，除自身信息的私密性得到保障外，人际交流的情感性也得到了保护。对于每一个人而言，朋友或许成百上千，但是有联系的并不多，常常联系的更少。也就是说，"人们可能有数不清的熟人和众多朋友，但是他们很可能只有几个亲密朋友或挚友"。② 而这些亲密朋友或挚友往往是微信用户交流中的主力军，微信的运作机制把最亲密的人更紧密地联系在一起，使人际交流的情感性受到了保护。

（二）弊：相关利益集团控制舆论变得简单

移动互联网时代，信息传播渠道通达，用户信息的私密性受到影响，微信的诞生打破了这一僵局。用户的自我把关及微信运作机制的限制，使微信用户私密性得到保护的同时，对相关利益集团进行舆论控制也是一个好消息。

微信平台中，用户之间的断裂性、信息的有限性、渠道的阻塞性等特征都对微信用户形成新的舆论造成了阻碍。舆论形成的渠道被阻断，使相关利益集团降低了微信中会形成不利于自身舆论的紧张度。此外，即使在某些事件中，微信平台上有相关利益集团介入，普通用户也无法发现，而这一点有利于保护利益集团的权威性。

众所周知，适度把关往往可以保证信息的权威性和可靠性，但一旦

---

① 克莱·舍基. 未来是湿的——无组织的组织力量［M］. 胡泳，沈满琳，译，北京：中国人民大学出版社，2009.

② 鲁道夫·F. 韦尔德伯尔，凯瑟琳·S. 韦尔德伯尔. 传播学［M］. 周黎明，译. 北京：中国人民大学出版社，2008.

相关集团过度把关，就会使用户失去对于信息接触的权力，这是微信给用户信息私密性带来保护的同时所存在的弊端。

温故知新

1. 简述微博的发展。

2. 简述微信的发展。

3. 简述公共领域与微博的区别。

4. 简述私人空间的微信的相关内容。

第十四章　虚拟现实技术

第一节　虚拟现实技术的发展

一、虚拟现实技术的概念

虚拟现实是一种由计算机和电子技术创造的新世界，是一个看似真实的模拟环境。通过多种传感设备，用户可根据自身的感觉，使用人的自然技能对虚拟世界中的物体进行考察和操作，参与其中的事件，同时提供视、听、触等直观而又自然的实时感知，并使参与者"沉浸"于模拟环境中①。

虚拟现实技术（VR）主要包括模拟环境、感知、自然技能和传感设备等方面。模拟环境是由计算机生成的、实时动态的三维立体逼真图像。感知是指理想的虚拟现实技术应该具有一切人所具有的感知。除计算机图形技术所生成的视觉感知外，还有听觉、触觉、力觉、运动等感知，甚至还包括嗅觉和味觉等，也称为多感知。自然技能是指人的头部转动，手势或其他人体行为动作，由计算机来处理与参与者的动作相适应的数据，对用户的输入做出实时响应，并分别反馈到用户的五官。传感设备

① 巫影. 虚拟现实技术综述［J］. 计算机与数字工程，2002，30（3）：41－44.

是指三维交互设备。常用的有立体头盔、数据手套、三维鼠标、数据衣等穿戴于用户身上的装置和设置于现实环境中的传感装置，如摄像机、地板压力传感器等。①

二、虚拟现实技术的特征

虚拟现实技术具有以下四个重要特征：第一，多感知性。它指除一般计算机所具有的视觉感知外，还有听觉感知、触觉感知、运动感知，甚至还包括味觉感知、嗅觉感知等。理想的虚拟现实技术应该具有一切人所具有的感知功能。第二，存在感。它指用户感到作为主角存在于模拟环境中的真实程度。理想的模拟环境应该达到使用户难辨真假的程度。第三，交互性。它指用户对模拟环境内物体的可操作程度和从环境得到反馈的自然程度。第四，自主性。它指虚拟环境中的物体依据现实世界物理运动定律动作的程度。

三、虚拟现实技术的演变发展简史

虚拟现实技术演变发展史大体上可以分为四个阶段：有声、形、动态的模拟是蕴含虚拟现实思想的第一阶段（1963 年以前）、虚拟现实萌芽为第二阶段（1963—1972 年）、虚拟现实概念的产生和理论初步形成为第三阶段（1973—1989 年）、虚拟现实理论进一步的完善和应用为第四阶段（1990 年至今）。

（一）虚拟现实技术的前身

虚拟现实技术是一种有效地模拟生物在自然环境中的视、听、动等行为的交互技术，其概念是发展的和变化的。

虚拟现实技术与仿真技术的发展是息息相关的，它可追溯到中国古代（前 468—前 376 年）的战国时期。据《墨子·鲁问》篇记载，"公输般竹木为鹊，成而飞之，三日不下"，其原材料是极薄的木片或竹片。后

---

① 姜学智，李忠华. 国内外虚拟现实技术的研究现状［J］. 辽宁工程技术大学学报，2004（4）：238 - 240.

来人们在风筝上系上竹哨，利用风吹竹哨，声如筝鸣，故称"风筝"。模拟飞行动物发明的有声风筝，是有关中国古代人试验飞行器模型的最早记载。风筝的拟真、拟声、互动的行为是仿真技术从古至今在人们生活中的应用，这一阶段历经了漫长的时间。后来该技术传到西方，西方人称风筝为飞行器，利用风筝的原理发明了飞机。

具有 27 项专利的发明家 Edwin A. Link 于 1929 年发明了飞行模拟器，乘坐者的感觉和坐在真的飞机上是一样的。[①]

1962 年，美国 Morton Heilig 的专利"全传感仿真器"的发明，有振动、声的感觉。该专利也蕴含了虚拟现实技术的思想。

人们由动物飞的行为受到了启发，产生了丰富的想象力，创造了以上三个较典型的发明，它推动了仿真技术的发展，也是虚拟现实技术的前身，蕴含了虚拟现实的思想。仿真和计算机的发展促使了虚拟现实技术的萌芽。

（二）虚拟现实技术的萌芽阶段

20 世纪 60 年代到 70 年代初是虚拟现实技术的萌芽阶段。60 年代初，Ivan Sutherland 教授在他的博士论文对有关计算机图形交互系统方面做了论述。1965 年他发表的论文《the ultimate display》提出了感觉真实、交互真实的人机协作新理论。

1968 年他开发了头盔式立体显示器。后来他又开发的一个虚拟系统，可称得上是第一个虚拟现实系统，它是基于传统习惯、花费大、模型又过分简化了的一个虚拟世界[②]。Ivan Sutherland 的论文和一个过于简单的虚拟世界是具有初始意义的虚拟现实技术，也正是虚拟现实技术的萌芽，因此人们称他为"图形学之父"。

（三）虚拟现实概念和理论的初步形成

1973—1989 年为虚拟现实技术的第三阶段。1973 年 Myron Krurger 提

① Henry Baumgartener. Link Flight Trainer is designated a historic mechanical engineering landmark, 2000．10，http：//www. asmenews. org/archives/backissues/aug00/features/link. html .

② Warren Robinett. Virtual Environment Workstation, 2003, 05. http：//www. warrenobinett. com/.

出了"Artificial Reality"，这是早期出现的关于虚拟现实的词。从字面上来看，它具有虚拟现实的含义。

20 世纪 80 年代初到 80 年代中期，美国国家航空和宇宙航行局（NASA）及美国国防部开始研究外层空间环境。1984 年，NASA Ames 研究中心虚拟行星探测实验室的 M. Mc Greevy 和 J. Humphries 博士开发了虚拟环境视觉显示器，用于火星探测，将探测器发回地面的数据输入计算机，构造了火星表面的三维虚拟环境。

之后 NASA 又投入资金对虚拟现实技术进行研究和开发[1][2]，如非接触式的跟踪器。1985 年以后，由 Fisher 的加盟在 Jaron Lanier 的接口程序的基础上做了进一步的研究。随后在虚拟交互环境工作站（VIEW）项目中，他们又开发了通用多传感个人仿真器等设备。

参加该项目的 Warren Robinett，是一个交互式计算机图形软件的设计者，设计了虚拟工作站，可以称得上是 NASA's 虚拟现实项目的先驱[3]。

很快，美国的 Stone 和 Hennequin 共同发明了数据手套。第一个数据手套被 NASA 用于虚拟现实，Warren Robinett 构思实现了手套与虚拟世界的交互技术。可以说手套、头盔是实现 VR 的硬件，交互式接口技术是实现 VR 的软件。

1986 年，Robinett 与合作者 Fisher、Scott S、James Humphries、Michael Mc Greevy 发表了早期的虚拟现实系统方面的论文《The Virtual Environment Display System》[4]，是 NASA 工作站的成果之一。

1987 年，James. D. Foley 教授在具有影响力的《Scientific American》杂志上发表了一篇题为"先进的计算机界面"（Interfaces for Advanced Computing）的文章[5]。在这篇文章中，虚拟现实是用"Artificial Reality"

①　Warren Robinett. Virtual Environment Workstation. , 2003, 05. http：//www. warrenrobinett. com/.

②　J. D. Foley. Interfaces for Advanced Computing. Scientific American, 1987, 257（4）：127 - 135.

③　Warren Robinett. Virtual Environment Workstation, 2003, 05. http：//www. warrenrobinett. com/.

④　Fisher, Scott S. , James Humphries, Michael Mc Greevy, Warren Robinett. The Virtual Environment Display System, 1986 ACM Workshop on Interactive 3D Graphics, 1986.

⑤　J. D. Foley. Interfaces for Advanced Computing . Scientific American, 1987, 257（4）：127 - 135.

来描述的，他提出了虚拟现实有三个关键元素：Imagination，Interaction，Behavior，即（2I + B）。

这从理论上阐述了想象（I）、交互（I）和行为（B）的含义，指出沉浸式仍是虚拟现实未来要探索的（hence immerse us in the artificial reality is still in the future）。从硬件上说明了头盔、数据手套、触觉的力反馈器、声音识别装置等的工作原理和在虚拟现实中的应用。从人机界面的角度阐明了虚拟现实系统应有好的交互性、视觉、语音、触觉等功能。最后说明了在 NASA 工作站成功应用和在教育等方面的应用和意义，认为虚拟现实将大有前途。这篇文章也是 NASA 工作站的成果之一。

James. D. Foley 教授的这篇文章对虚拟现实的含义、接口硬件、人机交互式界面、应用和未来前景做了全面的论述，加上 NASA 取得令人瞩目的研究成果，引起了人们极大的兴趣。从此，虚拟现实的概念和理论开始初步形成。正如 James. D. Foley 所期望的，它从研究到应用进入了一个崭新的时代。

之后 James. D. Foley 的这篇文章被引用 27 次之多，Daniel J. Pezely 等人的论文《A Second Step Towards Virtual Reality：The Entity Model and System Design》①和 Georgios Christou 等人的论文《Evaluating and comparing for Interaction styles》②中的"Virtual Reality"和"交互"一词是引自 James. D. Foley 于 1987 年发表的论文中的，可见，早期的"Artificial Reality"与"Virtual Reality"的含义大体是相同的。

从 1986 年 Fisher、Scott S 等人的《The Virtual Environment Display System》到 1987 年 James. D. Foley 的《Interfaces for Advanced Computing》两篇论文发表及成果综合来看，它们加速了"Virtual Reality"及其理论的形成。VPL 公司的 Jaron Lanier 是一个卓有远见的商人和科学工作者，

---

① Daniel J. Pezely et al. A Second Step Towards Virtual Reality：The Entity Model and System Design. SIGGRAPH 1991 Technical Papers Chair in January，http：//citeseer. nj. nec. com/ cached-page/ 437470/1，1991.

② Georgios Christou et al. Evaluating and comparing for Interaction styles. http：// citeseer. nj. nec. com/587531 . html，2000.

两年后（1989 年）他提出用"Virtual Reality"来表示"虚拟现实"一词，并且把虚拟现实技术作为商品，这推动了虚拟现实技术的发展和应用。

（四）虚拟现实理论的完善和全面应用

1. 虚拟现实理论的完善

1990 年至今为虚拟现实技术的第四阶段。Burdea G 和 Coiffet 在 1994 年出版的《虚拟现实技术》一书中描述了虚拟现实技术的三个基本特征：3I（Imagination、Interaction、Immersion），这是在 James. D. Foley 教授 1987 年提出的三个关键元素（2I + B）的基础上做的进一步完善，Burden 认为在 2I 的基础上增加一个 I（Immersion）能更好地表示任何虚拟现实技术系统的属性。因此，他用 3I 精辟地概括虚拟现实技术的特征。这是对虚拟现实技术和理论的进一步完善。

1992 年 Sense8 公司开发了"WTK"开发包，为虚拟现实技术提供了更高层次上的应用。

1994 年 3 月，日内瓦召开的第一届 WWW 大会首次正式提出了 VRML 这个名字。后来又出现了大量的虚拟现实技术建模语言，如 X3D，Java3D 等。

增强现实（Augmented Reality，AR）技术成为虚拟现实技术的一个分支，北京理工大学王涌天教授在这方面的研究取得了一定成果①。

虚拟现实由简单的有声、有形、有动态的模拟逐步演变发展到想象、交互、沉浸的虚拟现实，即由蕴含和萌芽阶段的单个 I 演变成 2I、发展到 3I，虚拟现实的演变发展特点可简要概括为：I→2I→3I。

由于虚拟现实技术的发展，其理论和体系进一步得到完善，未来虚拟现实技术将进一步智能化（intelligent），其 3I 特征将发展为 4I。因此，用通用式子来表达虚拟现实的关键元素和基本特征等虚拟现实技术属性及含义，考虑虚拟现实技术的可持续发展性，在通式后面加上一个可变

① 王涌天，刘越，胡晓明. 户外增强现实系统关键技术及其应用的研究［J］. 系统仿真学报，2003，15（3）：329 - 331.

因素 C：VR $= m\text{I} + n\text{B} + \text{C}$。式中：当 $m=2$，$n=1$ 时，表示三个关键元素（2I + B），m 为 I 的个数，n 为 B 的个数；当 $m=3$，$n=0$ 时，表示三个基本特征（3I）；I 依次为 Imagination、Interaction、Immersion …；B 其他元素，如 Behavior；C 表示其他的因素，可用任意字符。

2. 硬件技术的进一步发展和应用

大容量显示器[①]的开发是虚拟现实技术发展的结果。美国的 Jesse Eichenlaub 于 1986 年提出开发一个全新的三维可视系统，其目标是使观察者不要那些立体眼镜、头跟踪系统、头盔等笨重的辅助设备也能达到同样效果的三维逼真的虚拟现实技术世界。10 年以后，2D/3D 转换立体显示器（DTI 3D display）问世，用肉眼直接从虚拟窗口看到的小轿车好像从屏幕中开了出来[②]。

虚拟窗口的显示器原理是根据左右眼视差[③]，采用一个棱镜（prism）及面罩置于平面显示装置（液晶显示器，LCD）的像素柱前、一个眼跟踪器、一个置于平面显示后面的立体照相机、一个眼跟踪单元（由电动机和一对锥齿轮构成的）等装置组成虚拟窗口立体显示器。这种三维显示器还有用全息光衍原理来实现的。

为了使虚拟现实技术得到广泛的应用，三屏立体显示器问世，它使虚拟现实技术有了更广泛的应用。

由于 HMD 存在一些缺点，一种多投影面沉浸式虚拟环境 CAVE 于 1992 年由 Defanti、Sandin 和 Cruz – Neira 等人提出，该技术由投影系统、用户交互系统、图形与计算系统组成。后来日本、德国相继进行了研究，该系统由 4 面发展到 6 面。我国潘志庚研究员、石教英教授等人研究多投

---

① Grigore C. Burdea，Philippe coiffet. virtual real technology. USA：Publisher：Wiley，John & Sons，Incorporated，USA. 2003. 6

② Joe Greco. Dimension Technologies' 3D monitor. Computer Graphics World，http：//cgw. pennnet. com/Articles/Article _ Display. cfm，2002. 2. http：//www. dti3d. com/About/dti _ reviews. htm 2004. 4.

③ Grigore C. Burdea，Philippe coiffet. virtual real technology. USA：Publisher：Wiley，John & Sons，Incorporated，USA. 2003. 6

影面沉浸式虚拟环境及其应用，课题组还开发了 PCCAVE 系统①。

人机交互技术是虚拟现实技术早期研究的关键，也是热点。为了构造虚拟现实技术世界，实现虚拟现实技术的基本元素和特征，人们在鼠标和键盘的基础上发明了数据手套、立体眼镜、头盔式显示器、语音识别器等，直至现在的虚拟窗口立体显示器、多屏立体显示器等。另外，多通道同步立体投影虚拟现实系统的应用、多管道图形加速卡②的问世为虚拟现实技术的应用提供了更好的硬件技术和更低的成本。我国中科院戴国忠研究员、北京大学董士海教授等学者在人机交互方面做了研究，从不同的角度论述了无所不在的计算对人类的挑战③④，并在这方面取得了成果。

第二节　虚拟现实技术的应用

一、虚拟现实技术在军事方面的应用

NASA 虚拟工作站是美国航空航天局与军事部门为了模拟训练而开发的。美国陆军的自动虚拟实验室（CAVE）是一个典型的虚拟现实技术应用系统⑤。至 2000 年，美陆军已拥有一个包括综合作战环境所用作战单元的 CCTT 模拟仿真器。20 世纪末，美军开发了空军的任务支援系统

① 潘志庚，林柏纬，唐冰，等. 多投影面沉浸式虚拟环境及其应用［J］. 系统仿真学报，2003，15（增刊）：492 - 495.

② Grigore C. Burdea. Philippe coiffet. virtual real technology. USA：Publisher：Wiley, John & Sons, Incorporated, USA. 2003. 6

③ 雷超，戴国忠. 三维交互体系结构的研究与实现［J］. 计算机研究与发展，2001，28（5）：557 - 562.

④ 董士海. 人机交互的进展及面临的挑战［J］. 计算机辅助设计与图形学报，2004，16（1）：1 - 13.

⑤ 梁炳成，王恒霖，郑燕红. 军用仿真技术的发展动向和展望［J］. 系统仿真学报，2001，13（1）：604 - 607.

（AFMSS）与海军的特种作战部队计划和演习系统（SOFPARS)①。

虚拟军事地图的应用改变了传统的平面印刷和"沙盘"模拟等地图的方式。例如，美国利用虚拟地图对前往阿富汗的士兵进行训练②。

二、虚拟现实技术在医学方面的应用

虚拟现实技术在医学方面的应用具有十分重要的现实意义。在虚拟环境中，可以建立虚拟的人体模型，借助于跟踪球、HMD、感觉手套，人们可以很容易了解人体内部各器官结构，这比现有的采用教科书的方式要有效得多。Pieper 及 Satara 等研究者在 20 世纪 90 年代初基于两个 SGI 工作站建立了一个虚拟外科手术训练器，用于腿部及腹部外科手术模拟。这个虚拟的环境包括虚拟的手术台与手术灯、虚拟的外科工具（如手术刀、注射器、手术钳等）、虚拟的人体模型与器官等。借助于 HMD 及感觉手套，使用者可以对虚拟的人体模型进行手术。但该系统有待进一步改进，如需提高环境的真实感，增加网络功能，使其能同时培训多个使用者，或可在外地专家的指导下工作等。在手术后果预测及改善残疾人生活状况，乃至新型药物的研制等方面，虚拟现实技术也都有十分重要的意义。③

三、虚拟现实技术在工业仿真方面的应用

当今世界工业已经发生了巨大的变化，大规模人海战术早已不再适应工业的发展，先进科学技术的应用显现出巨大的威力，特别是虚拟现实技术的应用正对工业进行着一场前所未有的革命。虚拟现实已经被世界上一些大型企业广泛地应用到工业的各个环节，对企业提高开发效率，加强数据采集、分析、处理能力，减少决策失误，降低企业风险起到了

---

① 蒋庆全. 外 VR 技术发展综述 [J]. 飞航导弹，2002，1：27 – 34.
② 栾悉道，谢毓湘，吴玲达. 虚拟现实技术在军事中的新应用 [J]. 系统仿真学报，2003，15（14）：604 – 607.
③ 范立冬，李曙光，张治刚. 虚拟现实技术在医学训练中的应用 [J]. 创伤外科，2008，9（6）：568 – 570.

重要的作用。虚拟现实技术的引入，将使工业设计的手段和思想发生质的飞跃，将使其更加符合社会发展的需要。可以说，在工业设计中应用虚拟现实技术是可行且必要的。

工业仿真系统不是简单的场景漫游，而是真正意义上用于指导生产的仿真系统，它可结合用户业务层功能和数据库数据组建一套完全的仿真系统，可组建 B/S、C/S 两种架构的应用，可与企业 ERP、MIS 系统无缝对接，支持 SqlServer、Oracle、MySql 等主流数据库。工业仿真所涵盖的范围很广，从简单的单台工作站上的机械装配到多人在线协同演练系统。①

四、虚拟现实技术在娱乐方面的应用

三维游戏既是虚拟现实技术重要的应用方向之一，也对虚拟现实技术的快速发展起了巨大的需求牵引作用。尽管存在众多的技术难题，虚拟现实技术在竞争激烈的游戏市场中还是得到了越来越多的重视和应用。可以说，电脑游戏自产生以来，一直都在朝着虚拟现实的方向发展，虚拟现实技术发展的最终目标已经成为三维游戏工作者的崇高追求。从最初的文字 MUD 游戏，到二维游戏、三维游戏，再到网络三维游戏，游戏在保持其实时性和交互性的同时，逼真度和沉浸感正在一步步地提高和加强。

五、虚拟现实技术在教育方面的应用

虚拟现实技术可用于训练飞行员、士兵、指挥官等人员，这在国内外早已有应用，同时也可用于各种专业的教学。国内利用虚拟现实技术开发了多媒体教学软件用于教学，如邹湘军、周荣安等人开发的机械制造工程学多媒体教学软件，效果逼真，② 该成果已在南华大学和国防科技大学指挥专业的教学中使用。

---

① 张小超，王精业. 虚拟场景漫游系统的体系结构分析［J］. 系统仿真学报，2005，17（4）：917–919
② 邹湘军. 机械产品的三维动态图形模拟研究［J］. 计算机仿真，2001，18（4）：61–66.

六、虚拟现实技术的发展展望

正如其他新兴科学技术一样，虚拟现实技术也是许多相关学科领域交叉、集成的产物。它的研究内容涉及人工智能、计算机科学、电子学、传感器、计算机图形学、智能控制、心理学等。我们必须清醒地认识到，虽然这个领域的技术潜力是巨大的，应用前景也是很广阔的，但仍存在许多尚未解决的理论问题和尚未克服的技术障碍。客观而论，目前虚拟现实技术所取得的成就，绝大部分还仅仅限于扩展了计算机的接口能力，仅仅是刚刚开始涉及人的感知系统和肌肉系统与计算机的结合作用问题，根本未涉及"人在实践中得到的感觉信息是怎样在人的大脑中存储和加工处理成为人对客观世界的认识"① 这一重要过程。只有当真正开始涉及并找到对这些问题的技术实现途径时，人和信息处理系统间的隔阂才有可能被彻底克服。我们期待着有朝一日，虚拟现实系统成为一种对多维信息处理的强大系统，成为人进行思维和创造的助手和对人们已有的概念进行深化与获取新概念的有力工具。

温故知新

1. 什么是虚拟现实技术？
2. 简述虚拟现实技术的特征。
3. 简述虚拟现实技术的演变发展简史。
4. 简述虚拟现实技术的应用。

---

① 郑彦平，贺钧. 虚拟现实技术的应用现状及发展 [J]. 信息技术，2005(12)：94-98.

第十五章　增强现实技术

第一节　增强现实技术的发展

一、增强现实技术

增强现实（Augmented Reality，AR），也被称为扩增现实（中国台湾地区），是近年来的一个研究热点，有着广泛的应用前景。

增强现实技术，是一种将真实世界信息和虚拟世界信息"无缝"集成的新技术，是把原本在现实世界的一定时间、空间范围内很难体验到的实体信息，通过电脑等科学技术模拟仿真后再叠加，将虚拟的信息应用到真实世界，被人类感官所感知，从而达到超越现实的感官体验。真实的环境和虚拟的物体实时地叠加到了同一个画面或空间而同时存在。①

增强现实技术包含了多媒体、三维建模、实时视频显示及控制、多传感器融合、实时跟踪及注册、场景融合等新技术与新手段。增强现实技术提供了在一般情况下，不同于人类可以感知的信息。

增强现实技术是对现实世界的补充，使得虚拟物体从感官上成为周

---

① 杨建军. 浅谈增强现实技术的发展趋势 [J]. 戏剧之家，2015（20）：269.

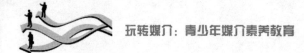

围真实环境的组成部分。与传统的虚拟现实（Virtual Reality，VR）不同，增强现实只是实现对现实环境的补充而不是完全替代现实环境。增强现实增强了用户对现实世界的感知能力和与现实世界的交互能力①。

二、增强现实技术的特点

增强现实技术具有三个突出的特点：第一，真实世界和虚拟的信息集成；第二，具有实时交互性；第三，在三维尺度空间中增添定位虚拟物体。

三、增强现实技术的发展概况

（一）基于标识的增强现实系统分析

增强现实系统的雏形是人工标志系统。这个系统的主要作用是通过S－HMD将布线路径和文字及时地展现在机械师面前，帮助机械师一步步完成拆卸过程。

该系统功能强大，可以通过人工标志来实现摄像机姿态的追踪，具有识别率高和携带方便等优势。最为常见的标志主要有四类，分别是ARTool Kit、Ho M、SCR、IGD。计算机只要启动识别软件，就可以和摄像机一起轻而易举地完成虚拟物体叠加。

（二）基于自然特征的增强现实系统

在进行实际应用的过程中发现，该系统对于 AR 标记依赖性较强，如果在户外的大范围内使用，就要将 AR 标记放大到可以看到的程度，这就是系统本身的局限性，需要在以后的发展中加以克服或改进。

要解决这个弊端，就要用到自然特征点的跟踪注册技术。通常情况下，这种技术主要是利用现实环境中的具有某些明显特征的位置来给 AR 提供参考，如角点、直线和曲线。同时为了能够得到摄像机本身的位置

---

① Ronald Azuma, Yohan Baillot, Reinhold Behringer, Steven Feiner, Simon Julier, Blair Mac Intyre. Recent Advances in Augmented Reality. IEEE Computer Graphics and Applications. 2001, (11 – 12): 34 – 47.

和朝向，可以通过对自然特征进行提取与特征匹配来实现虚拟对象的注册。

（三）移动增强现实系统

随着时代的发展，特别是智能手机的快速发展，增强现实技术不仅计算能力突出，图像捕捉能力也非同一般，这给研究人员带来了新的惊喜。可以和手机相互结合使得该技术得到应用，这可以说是一个巨大的突破。①

四、增强现实技术的发展展望

虽然增强现实技术近 20 年来取得了很大的发展，但是还是存在很多技术方面的难题。例如，透视式系统没有足够的亮度、分辨率和对比度。目前的大多数系统都是运用于预知的环境中，而在非预知的环境中的增强现实系统比较少。同时，如果增强现实系统运用于户外，用户必须带上计算机、传感器、显示器、电池等许多设备，使得系统显得笨重，所以系统的微型化和低能耗也是一个重要的研究方向。

在网络高度发展的今天，增强现实系统的网络化也是一个重要的发展趋势。通过网络可以减少一些装备，同时也可以大大提高增强现实系统的效能。

图 15 - 1 是 Keith 等人提出的增强现实系统网络化的构想图，通过 GPS、无线接入网络可以使增强现实系统连上互联网②。

和虚拟现实系统不同，增强现实系统的实时性要求非常高。前者的某些数据可以事先计算好，而增强现实系统中的虚拟物体必须实时地生成，并被准确地描绘到现实世界的景象中。这就要求降低系统的延迟性，提高软件的计算速度。

---

① 胡勇，韩振栋. 增强现实技术原理及其在电视中的应用 [J]. 新媒体研究，2016 (21)：39 - 40.

② Matt Groves. Networked Augmented Reality（AR）Future. http：//www. servicentric. com/matt/ar. html. March 2002.

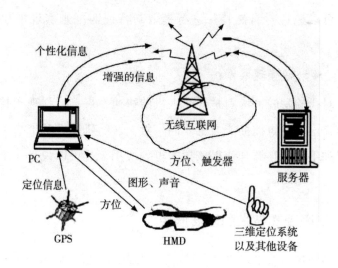

图 15 −1 增强现实系统网络化构想图

第二节　增强现实技术的应用

一、增强现实的显示技术

增强现实系统涉及最基本的问题就是实现虚拟信息和现实世界的融合，显示技术是增强现实系统的基本技术之一。一般而言，可以把增强现实的显示技术分为以下几类：头盔显示器显示、投影式显示、手持式显示器显示和普通显示器显示。

（一）头盔显示器显示

现有的虚拟现实技术的人机界面中大多采用头盔显示器（head − mounted display，HMD）。主要原因是头盔显示器较其他几种显示技术而言沉浸感最强。因为用于增强显示系统的头盔显示器能够看到周围的真实环境，所以叫作透视式（see − through）头盔显示器。

透视式头盔显示器一般分为视频透视式（vedio see − through）和光学

透视式（optical see – through）。前者是利用摄像机对真实世界进行同步拍摄，将信号送入虚拟工作站，在虚拟工作站中将虚拟场景生成器生成的虚拟物体同真实世界中采集的信息融合，然后输出到头盔显示器中。而后者则是利用光学组合仪器直接将虚拟物体同真实世界在人眼中融合，实现增强。①②

还有一种更为奇特的方法——虚拟视网膜显示技术（Virtual Retinal Display，简称 VRD)③，此技术是由华盛顿大学的人机界面实验室（HIT Lab）研究出来的。VRD 是通过将低功率的激光直接投射到人眼的视网膜上，从而将虚拟物体添加到现实世界中来。

（二）投影式显示

投影式显示（Projection Display）是将虚拟的信息直接投影到要增强的物体上，从而实现增强。日本 Chuo 大学研究出的 PARTNER 增强现实系统可用于人员训练，并且使一个没有受过训练的试验人员通过系统的提示，成功地拆卸了一台便携式 OHP（Over Head Projector)④。

另外一种投影式显示方式是采用放在头上的投影机（Head – Mounted Projective Display，HMPD）来进行投影。美国伊利诺斯州立大学和密歇根州立大学的一些研究人员研究出一种 HMPD 的原型系统⑤。该系统由一个微型投影镜头、一个戴在头上的显示器和一个双面自反射屏幕组成。

由计算机生成的虚拟物体显示在 HMPD 的微型显示器上，虚拟物体

① Ronald Azuma. A survey of Augmented Reality . Teleoperator and Virtual Enviroments 6，4（Augest 1997）：355 – 385.

② Viirre，Pryor，Nagata，Furness. The Virtual Retinal Display：A New Technology for Virtual Reality and Augmented Vision in Medicine. In Proceedings of Medicine Meets Virtual Reality，San Diego，California，USA（1998）. Amsterdam：IOS Press and Ohmsha：252 – 257.

③ 哈涌刚，周雅，王涌天等. 用于增强现实的头盔显示器的设计［J］. 光学技术，2000，26（4）：350 – 353.

④ Masaya Yamashita，Shigeyuki Sakane. Adaptive Annotation Using a Human – Robot Interface System PARTNER. Proceeding of the 2001 IEEE International Conference on Robotics & Automation Seoul. Korea，2001（5）：21 – 26.

⑤ Hua Hong，Gao Chunyu，Rolland Biocca. An ultra – light and compact design and implementation of head – mounted projective displays. Virtual Reality，2001. Proceedings. IEEE，2001：175 – 182.

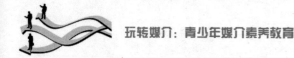

通过投影镜头折射后，再由与视线成 45°的分光器反射到自反射的屏幕上。自反射的屏幕将入射光线沿入射角反射回去，进入人眼中，从而实现了虚拟物体与真实环境的重叠。

（三）手持式显示器显示

通过采用摄像机等其他辅助部件，一些增强现实系统采用了手持式显示器（Hand Held Display，HHD）。美国华盛顿大学人机界面技术实验室设计出了一个便携式的 Magic Book 增强现实系统①。该系统采用一种基于视觉的跟踪方法，把虚拟的模型重叠在真实的书籍上，产生一个增强现实的场景。同时该界面也支持多用户的协同工作。日本的 SONY 计算机科学实验室也研究出一种手持式显示器，其利用这种显示器，构建了Trans Vision 协同式工作环境②。

（四）普通显示器显示

增强现实系统也可以采用普通显示器（monitor – based display）显示。在这种系统中，通过摄像机获得的真实世界的图像与计算机生成的虚拟物体合成之后在显示器输出。在需要时也可以输出为立体图像，这时需要用户戴上立体眼镜③。

二、增强现实的注册技术

注册技术是增强现实系统最为关键的技术之一，注册实际上就是将计算机生成的虚拟物体和真实环境中景象"对齐"的过程。注册必须先确定虚拟物体与观察者之间的关系，然后通过正确的几何投影将虚拟物体投影到观察者的视野中。注册一般分为动态注册和静态注册。动态注

① Billinghurst Mark，Kato Hirokazu，Poupyrev Ivan. The Magic Book：a transitional AR inter-face. Computer & Graphics 2001，25：745 – 753.

② Billinghurst Mark，Kato Hirokazu，Poupyrev Ivan. The Magic – Book：Moving Seamlessly between Reality and Virtuality. IEEE Com – puter Graphics and Applications，2001，21(3)：2 – 4.

③ Mihran Tuceryan，Douglas，Greer，Ross，Whitaker，David，Breen，Eric Rose，Klaus，Ahlers，Chris. Crampton. Calibration Requirements and Procedures for a Monitor – Based Augmented Reality System. IEEE Transactions on Visualization and Computer Graphics. 1995，1(3)：255 – 273.

册是在摄像机与真实物体相对运动的情况下，确定二者的相对位置；静态注册是在摄像机与真实物体相对静止的情况下确定二者的相对位置。在目前的增强现实系统中，绝大多数采用的是动态注册。动态注册技术一般可以分为两种，基于跟踪器的注册技术和基于视觉的注册技术。

（一）基于跟踪器的注册技术

跟踪的主要目的是记录真实世界里的观察者的方向和位置，以便保持虚拟空间和真实空间的连续性，实现精确的注册。一般主要有以下几种跟踪技术：飞行时间定位跟踪、机构连接跟踪、相差跟踪、场跟踪、复合跟踪系统。

1. 飞行时间定位跟踪系统

这种方法就是利用一些手段测量运动目标和参照物之间的距离，然后推导出运动目标在虚拟环境中的坐标。前提是假定脉冲信号的传播速度为常数，通过测定接收装置接收相临两次脉冲信号之间的时间来确定运动目标相对于参照物的距离。

2. 机构连接跟踪系统

最为典型的机构连接跟踪方式是直接用机构连接参照物和运动目标。机械式的跟踪一般可以分为两种：一种是各种机构的组合，另一种是采用弹簧来连接。当弹簧处于张紧状态时，就可以通过弹簧的参数计算出距离。

3. 相差跟踪系统

相差跟踪系统是通过测量参照物和运动目标上的同频率信号的相位差来进行跟踪的。采用的信号大多数是超声波信号，它的缺点是会有误差积累，同时超声波信号易受环境的温度、湿度和超声波噪声的影响。其优点就是能够有比较高的数据采集速度，比 TOF 超声波跟踪系统有更高的精度。

4. 场跟踪系统

用来跟踪的场包括电磁场和重力场，用得比较普遍的是电磁场。电磁场跟踪采用线圈作为信号发生器，测量通过接收器的磁通量就可以确定接收器和信号源之间的相对距离。

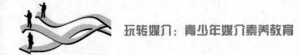

电磁场跟踪系统价格便宜、结构紧凑，而且重量轻，广泛应用于各种增强现实系统中。另外一种场跟踪系统是基于重力场的，采用的测量仪器一般是倾角计和加速度计。

5. 复合跟踪系统

复合跟踪系统指的是在同一增强现实系统中采用两种以上的跟踪方式，以实现各种跟踪方式的优势互补。但是复合跟踪系统往往会提高系统的复杂性和成本。

（二）基于视觉的注册技术

基于视觉的注册是通过给定的一幅或者多幅图像来确定摄像机和真实世界中目标的相对位置与方向的。就目前的研究情况来看，基于视觉的注册主要有两种情况：一种是事先对相机定标，对获取的图像进行分析，计算相机的位置；另一种是通过仿射变换来实现注册。

1. 通过对相机定标注册

相机定标就是获取相机的内部参数，然后根据这些参数和获取的图像来计算相机的位置与方向。这实际上是一个从三维场景到二维成像平面的转换过程。通常关心的相机参数包括镜头的焦距以及传感器像元的高度、宽度、高宽比等。

国内也有研究人员从事动态注册的研究①。周雅等人介绍了相机定标以及跟踪的算法，并且以 PC 为平台实现了这个算法。

2. 通过仿射变换注册

通过仿射变换注册实际上是计算机图形学和计算机视觉技术在增强现实系统设计中的一个运用。Konenderink 等人曾提出，给定三维空间中任何至少四个不共面的点，空间中任何一个点的投影变换都可以用这四个点的变换结果的线性组合来表示②。

---

① 周雅，闫达远，王涌天，等．一种增强现实系统的三维注册方法，中国图象图形学报，2000，5（A5）：4.
② Konenderink，Van Doorn. Affine Structure from Motion. Journal of the Optical Society of America A，1991，8（2）：377–385.

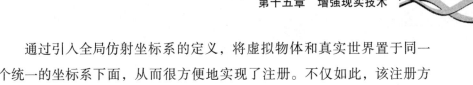

通过引入全局仿射坐标系的定义，将虚拟物体和真实世界置于同一个统一的坐标系下面，从而很方便地实现了注册。不仅如此，该注册方法也实现了深度的估计①。Kiriakos 等人也讨论过类似的系统，并且通过该方法设计出了具体的增强现实系统②。通过仿射变换实现注册是增强现实注册技术的一个突破，它绕开了传统的跟踪、定标等一些烦琐而且容易出现较大误差的注册方法，实现了通过计算机视觉的分析进行注册。

三、增强现实的应用领域

增强现实系统增加了用户对真实世界的感知和交互。正如 Fred Brooks 所说，增强现实是一种智能的扩充，即把计算机作为用户更容易完成工作的工具。现在增强现实技术已经被应用到许多领域的研究中。

（一）医学

医生可以利用增强现实技术对外科手术进行可视化辅助操作和训练。使用表面感应器，像 MRI（magnetic resonance imaging）、CT（computed tomography）实时地收集病人的三维数据信息，并实时地绘制成相应的图像，融合到对病人的观察中。更确切地说，医生可以直接观察到"X 射线版本"的病人，这对外科手术是非常有用的。增强现实技术可以使医生甚至不需要任何手术切口，就可以清晰地看到病人内部的"解剖视图"。

在 UNC Chapel Hill，一个研究小组用超声波感应器扫视孕妇的腹部，并在其腹部对应处绘制出一个三维的胎儿图像，医生可以通过此看到胎儿在母体中的状态。

（二）制造、维护和维修

当设备维护人员在维护一台陌生的设备的时候，往往需要看很多的手册，利用增强现实系统则可以避免这一点。增强现实系统一般是用增

① 明德烈，柳健，田金文. 仿射变换在增强现实中的应用［J］. 系统仿真学报，2001，13（增刊 B）：286 – 289.
② Kiriakos. Kutulakos，James Vallino. Affine Object Representations for Calibration – Free Augmented Reality. Pro C. 1996，IEEE Virtual Reality Ann. Int. Symp.

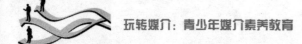

强现实技术为维护人员提供辅助信息。

（三）娱乐

增强现实技术在娱乐方面的应用已经相当广泛了。一个最明显的例子就是科幻片的录制。演员们在绿色背景前，同时计算机中产生变化的科幻效果背景。通过一定的控制把两者融合在一起，最后就形成了人们在电视机前看到的视频图像。娱乐界把这认为是缩减花销的一种最好的方法，因为生成虚拟物体比制造真实的物体所需费用要便宜得多。

（四）机器人的路径设计

机器人的远程控制是一个较困难的问题，尤其当机器人离得很远时，会产生较大的通信延迟。运用增强现实技术时，用户不用直接控制机器人，而是控制虚拟版本机器人的行为，产生的效果可以直接融入到真实世界中。一旦这种设计被确定，用户再通知真正的机器人执行该路径，这可以避免由于发布指令而产生较长延迟所带来的振荡。在虚拟条件下，用户还可以通过预览操作效果来实现理想的设计。多伦多大学的 ARGOS 系统已经证实相对于传统的技术，增强现实技术可以更加容易、更加精确地进行机器人的路径设计。

（五）其他

增强现实系统还广泛运用于军事训练、商业等领域。增强现实技术在商业中的应用主要是用于广告业，如在体育比赛转播中插入广告等。Daniela Hall 等人还研制出了一种用于办公室环境的增强现实系统——Magicboard①，华盛顿大学还将增强现实技术运用于远程会议系统②。

---

① Daniela Hall, Christophe Le Gal, Jerôme Martin, Olivier Chomat, James rowley. Magic Board：A contribution to an intelligent office environment. Robotics and Autonomous Systems. 2001, 35 211 - 220.

② Mark Billinghurst. A wearable spatial conferencing space. In Proc. ISWC'98, Pittsburgh, Penn., USA, October 1998.

温故知新

1. 什么是增强现实技术？

2. 简述增强现实技术的特征。

3. 简述增强现实技术的发展概况。

4. 简述增强现实技术的应用。

附录 1：

拓展阅读

1.《理解媒介》

作者：［加］马歇尔·麦克卢汉

译者：何道宽

出版社：译林出版社

出版时间：2011 年 7 月 1 日

内容推荐：

《理解媒介》是"20 世纪为数不多的重要思想著作之一"。麦克卢汉将传播媒介作为主要动因，以异乎寻常的方式解释历史。他认为，媒介是塑造历史和社会的隐蔽力量，常常被人忽视；媒介的"讯息"在于其如何"扭曲"现存的社会秩序；由于忽视媒介，我们常常对其熟视无睹，被其遮蔽，这是"书面文化"或西方式感知能力的失败。书面文化执着于媒介的内容，它必须在新的电子环境里革故鼎新。麦克卢汉邀请我们抛弃旧的思维习惯，采纳感知和知识的新标准。

《理解媒介》初版于 1964 年，麦克卢汉借此登上世界舞台，成为 20 世纪最杰出的公共知识分子之一。在这部极富胆略的著作里，他把媒介解释推向新的高度。他向我们发出挑战，让我们与他一道纵身投入他所谓的"创新认知过程"。

2. 《媒介素养》

作者：〔美〕詹姆斯·波特

译者：李德刚

出版社：清华大学出版社

出版时间：2012 年 10 月 1 日

内容推荐：

詹姆斯·波特编写的《媒介素养》是一本有趣而易懂的入门教材，旨在普及媒介基本知识，提高受众媒介素养，具有重要的理论和现实意义。阅读此书，读者可以提高对媒介的基本认识，提高对媒介信息的接受能力、思辨能力以及使用能力，从而有效避免媒介对人的负面影响，最终达到"媒介为我所用"的目标。

《媒介素养》一书内容全面，语言通俗，结构清晰而完整，理论联系现实，既适合用作本科公选课教材，也适合普通读者阅读。

3. 《做媒介的主人——大学生媒介素养导引》

作者：江宇，薛强，段送爽

出版社：科学出版社

出版时间：2015 年 5 月 1 日

内容推荐：

《做媒介的主人——大学生媒介素养导引》为"国家大学生文化素质教育基地系列丛书"之一，书中先对各类与大学生联系较为紧密的媒介的基本概念、发展过程、媒介术语等进行简要介绍，进而展示媒介依赖、刻板印象等媒介带来的负面影响。最后着力针对各类媒介，尤其是新媒介的不同特性，为大学生提供参与媒介内容制作的可操作方法，主要结合校园新闻特点使大学生了解如何制作媒介内容并培养制作的积极性，力图从认识、能力、参与及表达方面使大学生的媒介素养得以提升。

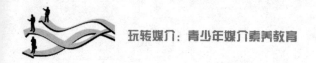

4.《媒介素养十四讲》

作者：吴玉兰

出版社：北京大学出版社

出版时间：2014 年 9 月 1 日

内容推荐：

《媒介素养十四讲》不仅系统梳理媒介相关知识与理论，强化媒介生产产品的认识，而且结合经典案例的剖析，使读者了解不同媒介作品的特点与生产规律，掌握认识媒介和运用媒介的途径与方法，感受媒介在大众生活中的作用，培养大众对媒介运用的兴趣，提高大众媒介理解与辨识的能力。此外，本书与时俱进，增加新媒介、舆论与舆论引导认知、危机事件报道等相关知识，也开阔了读者对媒介素养的认知视野。

5.《当代媒介素养十讲》

作者：高萍

出版社：中国人民大学出版社

出版时间：2015 年 4 月 1 日

内容推荐：

与以往媒介素养类的书籍不同，本书以"当代媒介素养刻度表"开讲，以"温度计"形态比量人人都具有的媒介素养存在的高低之差。全书通过"批判性思维"与"互联网思维"前后对照，以辩证理性的科学思维与当代媒介实践中颠覆和重构的方法论模式交相迭代，在解析传媒立场以及媒介技术的正负效能的较量中全新架构了当代媒介素养的一个新体系。全书分为三个模块：媒介素养原理模块，将媒介素养知识与理论进行主体的内化；媒介素养细分模块，分析各类媒介的属性与特征；媒介素养管理模块，谈法律与规制的客体钳制。

附录2：

相关网络资源

1. 视觉文化与媒介素养

http：//www. fromeyes. cn/

读图时代来临，"观看"不再是简单的行为。对"美"的"解蔽"，需要"明亮"的眼睛，更需要"敏感"的心灵。视觉素养培养已成为必需关注的国民教育问题。

面临全球化的严峻挑战，如何积极竞争话语权？视觉文化可以突破语言交流屏障，使中华民族优秀文化畅通无阻地向世界传播。视觉文化作为具有交叉学科特点的新颖研究领域，正在展示独有的魅力。本网站正是以视觉素养培养和民族文化传播相结合的理念，对视觉文化的教学科研、资源开发与技术创新进行视野独特的探究与交流，以达到"从眼睛到心灵"的传播与交流效果。

2. 中国大学 MOOC

http：//www. icourse163. org/

中国大学 MOOC 是由网易与高教社携手推出的在线教育平台，承接教育部国家精品开放课程任务，向大众提供中国知名高校的 MOOC 课程。在这里，每一个有意愿提升自己的人都可以免费获得更优质的高等教育。

MOOC 是 Massive Open Online Course（大规模在线开放课程）的缩

写，是一种任何人都能免费注册使用的在线教育模式。MOOC 有一套类似于线下课程的作业评估体系和考核方式。每门课程定期开课，整个学习过程包括多个环节：观看视频、参与讨论、提交作业，穿插课程的提问和终极考试。

3. Alliance for a Media Literate America

http：//www. nmec. org/

这是美国本土的媒体教育联盟，成立的宗旨是促进美国媒体素养教育的发展。负责组织和提供全国媒体教育领导人士、提倡者的网络资料及相关资讯的交流，并建立档案以供查询。每年定期举行全国性的媒体教育研讨会，目标是使每个人都能运用科技工具，提高批判分析与创造讯息的能力。

参考文献

［1］卜卫．媒介与儿童教育［M］．北京：新世纪出版社，2002.

［2］卜卫．大众媒介对儿童的影响［M］．北京：新华出版社，2003.

［3］白传之，闫欢．媒介教育论［M］．北京：中国传媒大学出版社，2008.

［4］陈力．电视与教育［M］．北京：人民教育出版社，2006.

［5］陈晓云．电影学导论［M］．杭州：浙江大学出版社，2008.

［6］蔡帼芬，张开，刘笑樱．媒介素养［M］．北京：中国传媒大学出版社，2004.

［7］蔡帼芬．媒介素养［M］．北京：中国传媒大学出版社，2005.

［8］冯波．传媒社会学［M］．北京：北京师范大学出版社，2009.

［9］路春艳．中国电影中的城市想象与文化表达［M］．北京：北京师范大学出版社，2010.

［10］吕巧平．媒介化生存——中国青年媒体素质研究［M］．北京：中国传媒大学出版社，2007.

［11］宋书文．管理心理学词典［M］．兰州：甘肃人民出版社，1989.

［12］邵瑞．中国媒介教育［M］．北京：中国传媒大学出版社，2006.

［13］单晓红．媒介素养引入［M］．杭州：浙江大学出版社，2007.

［14］顾明远．教育大辞典［Z］．上海：上海教育出版社，1998．

［15］甘惜分．新闻学大辞典［M］．郑州：河南人民出版社，1993．

［16］郭庆光．传播学教程［M］．北京：中国人民大学出版社，1999．

［17］郭镇之．电视传播史［M］．北京：北京师范大学出版社，2000．

［18］高萍．当代媒介素养十讲［M］．北京：中国人民大学出版社，2015．

［19］林崇德，杨治良，黄希庭．心理学大辞典［Z］．上海：上海教育出版社，2003．

［20］江宇，薛强，段送爽．做媒介的主人——大学生媒介素养导引［M］．北京：科学出版社，2015．

［21］匡文波，曾卫．公务员媒介素养［M］．北京：新华出版社，2012．

［22］刘建明．宣传舆论学大辞典［Z］．北京：经济日报出版社，1993．

［23］李彬．传播符号论［M］．北京：清华大学出版社，2012．

［24］潘菽，荆其诚．中国大百科全书心理学卷［M］．北京：中国大百科全书出版社，1991．

［25］王浩宇．电影作品中的心理效应解析［M］．北京：光明日报出版社，2016．

［26］王秀江，张开．媒介素养教育手册［M］．北京：中国传媒大学出版社，2014．

［27］吴玉兰．媒介素养十四讲［M］．北京：北京大学出版社，2014．

［28］于翠玲，刘斌．大学生媒介素养概论［M］．北京：北京师范大学出版社，2012．

［29］文春英．外国广告发展史［M］．北京：中国传媒大学出版

社，2006.

[30] 袁军. 媒介素养教育论 [M]. 北京：中国传媒大学出版社，2010.

[31] 朱智贤. 心理学大词典 [M]. 北京：北京师范大学出版社，1989.

[32] 张春兴. 张氏心理学辞典 [M]. 上海：上海辞书出版社，1992.

[33] 郑兴东. 受众心理与传媒引导 [M]. 北京：新华出版社，2004.

[34] 张开. 媒介素养概论 [M]. 北京：北京广播学院出版社，2006.

[35] 赵月枝. 传播与社会：政治经济与文化分析 [M]. 北京：中国传媒大学出版社，2011.

[36] 李艳，陈恩诺，[意] 拉涅里. 小学媒介教育实验教程 [M]. 杭州：浙江大学出版社，2012.

[37] 邱腾安. 神经传播学札记 [M]. 台北：台湾商务印书馆，2011.

[38] [德] W·舒里安. 影视心理学 [M]. 罗悌伦，译. 成都：四川人民出版社，1998.

[39] [美] 哈里斯. 媒介心理学 [M]. 相德宝，译. 北京：中国轻工业出版社，2007.

[40] [美] 詹姆斯·波特. 媒介素养 [M]. 李德刚，译. 北京：清华大学出版社，2012.

[41] [澳] 格雷姆·特纳. 普通人与媒介——民众化转向 [M]. 许静，译. 北京：北京大学出版社，2011.

[42] [美] 阿瑟·伯格. 理解媒介：媒介与文化研究的关键文本 [M]. 秦洁，译. 北京：清华大学出版社，2013.

[43] [英] 尼克·史蒂文森. 认识媒介文化：社会理论与大众传播

［M］．王文斌，译．北京：商务印书馆出版社，2013.

　　［44］［加拿大］马歇尔·麦克卢汉．理解媒介——论人的延伸［M］．何道宽，译．北京：商务印书馆出版社，2000.

　　［45］［英］丹尼尔·麦奎尔．受众分析［M］．刘燕南，译．北京：中国人民大学出版社，2006.

后　记

每次完成一份书稿都是对一项知识工程的建构，每次我都享受其中，每次撰写过程都其乐无穷。每次在电脑前的疲惫，都是为了获得更多的精神给养。

对于这本书的构思还要回到 2013 年，从"想"到"做"，从"做"到"完成"历经了 5 年，5 年里有些人来了，走进了我们的生活，有些人离我们渐渐远去，也有些人再也回不来了。

这本书早该问世，但几经波折，幸得好友刘勇相助，这个"超级哪吒"才破肚而出。撰写整理完这本书，心中的不安依然是大于收获的喜悦，不安的是作为只有教育学、心理学背景的我所面对的媒介理论知识还有媒介技术层面知识的欠缺。为此我也曾驻足不前，也曾茫然失措，而在这期间幸得老师、友人和同门的热心帮助以及家人无微不至的关怀与鼓励，才有了今天这本虽带着诸多缺憾却也确实凝聚着我汗水的辛劳之作。

在本书的编写过程中，得到了民盟中央教育委员会委员、北京师范大学教育学部教育技术学院副教授、硕士生导师王锢，北京电影学院教授尼跃红，天津师范大学教育科学学院教育技术系主任、教授、博士生导师王志军，北京市第二十七中学高级教师王立新，以及好友孟繁龙、唐嘉隆，同门唐阿玲等的大力支持和帮助，在此对他们表示感谢。

最需要我深深感谢的是家慈，家慈已经荣休，本可以安逸生活，但是为我付出了很多，感谢家慈对我无微不至的照顾，以及所有同我分享喜怒哀乐的家人。

　　青少年媒介素养的提升关乎到我们的未来世界，大数据时代我们将面临更多的挑战，我们在不断地尝试，期望着我们是未来的主人。

北京光禄寺旧址

王浩宇

2018 年 12 月